U0654092

本书受上海交通大学安泰经济与管理学院资助

供应链商业信用
协调机制研究

张钦红　著

上海交通大学出版社
SHANGHAI JIAO TONG UNIVERSITY PRESS

内容提要

本书从供应链管理的视角重点研究了商业信用对供应链协调的影响,分析了给定商业信用及其风险时,供应链上企业的库存决策及其对供应链协调的影响;基于商业信用的供应链协调问题;商业信用与企业库存间关系的实证分析;以及存货质押融资服务的最优质押率。本书适合相关专业人士阅读。

图书在版编目(CIP)数据

供应链商业信用协调机制研究/ 张钦红著. —上海:
上海交通大学出版社,2019
ISBN 978-7-313-21203-0

Ⅰ.①供… Ⅱ.①张… Ⅲ.①商业信用-影响-供应
链管理-研究 Ⅳ.①F830.56②F252.1

中国版本图书馆 CIP 数据核字(2019)第 075245 号

供应链商业信用协调机制研究

著　　者:张钦红
出版发行:上海交通大学出版社　　　　　　地　　址:上海市番禺路 951 号
邮政编码:200030　　　　　　　　　　　　电　　话:021-64071208
印　　制:江苏凤凰数码印务有限公司　　　经　　销:全国新华书店
开　　本:710 mm×1000 mm　1/16　　　印　　张:10.75
字　　数:150 千字
版　　次:2019 年 5 月第 1 版　　　　　　印　　次:2019 年 5 月第 1 次印刷
书　　号:ISBN 978-7-313-21203-0/F
定　　价:58.00 元

版权所有　侵权必究
告读者:如发现本书有印装质量问题请与印刷厂质量科联系
联系电话:025-83657309

CONTENTS 目　　录

第 1 章　绪论 ･･････････････････････････････ 1

1.1　研究背景及研究意义 ･････････････････････････ 1

1.2　本书的主要研究内容 ･････････････････････････ 7

1.3　本书的研究思路和章节安排 ･･･････････････････ 9

1.4　本书研究的创新点 ･･･････････････････････････ 11

第 2 章　国内外相关研究文献综述 ･････････････ 14

2.1　商业信用的基础理论文献综述 ･････････････････ 14

2.2　商业信用与库存间关系的研究文献综述 ･･･････････ 18

2.3　供应链协调的相关研究文献综述 ･･･････････････ 22

　　2.3.1　确定需求时的供应链协调问题研究 ･･････････ 22

　　2.3.2　随机需求时的供应链协调问题研究 ･･････････ 24

2.4　其他相关文献综述 ･･･････････････････････････ 30

第 3 章　商业信用给定时信用风险对供应链协调的影响 ･･････ 35

3.1　引言 ･････････････････････････････････････ 35

3.2　信用风险下商业信用对供应链协调的影响 ･･･････ 37

　　3.2.1　不考虑商业信用时的供应链协调问题 ･･･････ 38

　　　　3.2.2　给定商业信用时供应商的库存决策·············· 39

　　　　3.2.3　信用风险对供应链协调的影响作用分析········· 46

　　3.3　控制商业信用风险以协调供应链的策略分析········· 51

　　　　3.3.1　两阶段商业信用中现金折扣的设定·········· 52

　　　　3.3.2　协调供应链的商业信用策略··············· 54

　　3.3　本章小结···································· 58

第4章　确定需求条件下的商业信用协调机制·············· 60

　4.1　引言······································ 60

　4.2　商业信用协调供应链的实证分析·················· 63

　　　4.2.1　研究假设与计量模型··················· 63

　　　4.2.2　数据来源与描述统计··················· 66

　　　4.2.3　实证结果·························· 70

　4.3　需求确定时供应链商业信用协调机制··············· 73

　　　4.3.1　基本模型························· 73

　　　4.3.2　易腐物品供应链的商业信用协调机制··········· 79

　　　4.3.3　需求与库存水平相关时的商业信用协调

　　　　　　机制··························· 81

　　　4.3.4　数值分析························· 86

　4.4　本章小结··································· 88

第5章　不完全信息下的供应链商业信用协调机制············· 90

　5.1　引言······································ 90

　5.2　单边不完全信息时的供应链商业信用协调机制········· 92

　　　5.2.1　模型构建与求解····················· 92

　　　5.2.2　数值分析························· 99

　5.3　双边不完全信息时的供应链商业信用协调机制········· 101

　　　5.3.1　模型分析与求解···················· 102

5.3.2 数值分析 ……………………………… 106

5.4 本章小结 ……………………………………… 106

第6章 随机需求与资金约束时的供应链商业信用协调

机制 ……………………………………………… 110

6.1 引言 ……………………………………………… 110

6.2 资金约束条件下基于延期支付的商业信用协调

机制 ……………………………………………… 111

6.2.1 零售商存在资金约束时的商业信用协调

机制 ……………………………………… 111

6.2.2 多产品背景下商业信用协调机制的正外

部性 ……………………………………… 114

6.2.3 数值分析 ……………………………… 119

6.3 资金约束条件下的库存融资策略研究 ………… 120

6.3.1 风险中性时的存货质押率研究 ………… 124

6.3.2 不同风险偏好时的质押率研究 ………… 126

6.3.3 数值分析 ……………………………… 133

6.4 本章结论 ……………………………………… 134

第7章 结论及研究展望 …………………………………… 136

7.1 本书的主要结论 ……………………………… 136

7.2 研究展望 ……………………………………… 140

参考文献 ………………………………………………………… 142

第1章 绪 论

1.1 研究背景及研究意义

在商业实践中,产品的转移与资金的交割往往并不同步,供应商常常根据经营的需要允许下游企业在收到货物后延迟或者要求其提前交付货款。这一资金流与物流的分离就产生了商业信用(trade credit)。本书将由于产品或者服务的交易所产生的信用定义为商业信用,包括延迟支付(delay in payment)和提前支付。其中延迟支付是商业信用的主要形式,也是本书主要的研究对象。实践中存在着两种形式的延迟支付(Ng 等,1999):单阶段的延迟支付(net terms)、两阶段的延迟支付(two-parts)。在单阶段的延迟政策中,供应商规定买方企业交付货款的最后期限(如 30 天);而在两阶段的延迟支付中,如零售商在一定期限内(如 10 天内)支付货款则可以获得一定比例的现金折扣,否则必须在最后期限前交付货款且不能享受现金折扣优惠,比较常见的形式为"2/10/30",即零售商在 10 天内交付货款可以享受 2%的现金折扣,否则必须在 30 天内交付货款。在该两阶段的延迟政策下,若买方企业不接受现金折扣,则其为获得信用而"付出"的利息成本为 43.9%,这一成本也是买方企业放弃现金折扣去获得额外的 20 天信用而付出的机会成本。商业信用的支付时间如图 1-1 所示。

实际上,商业信用的发生往往伴随着企业间产品的转移,即物流和资金流虽不同步,却相辅相成,密不可分。商业信用所固有的

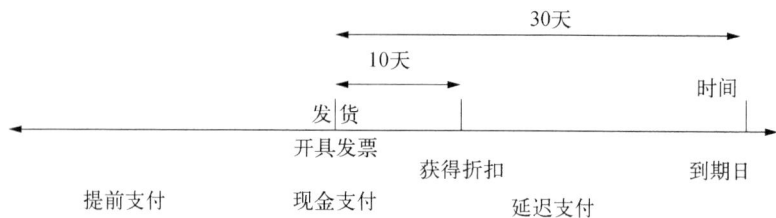

图 1-1　商业信用示例

信用风险、资金机会成本,也因此成为企业在进行库存采购、库存分配等决策时,必须考虑的重要因素。对于购货企业而言,商业信用的存在降低了库存的资金占用成本、降低了供应商产品的质量风险,因此商业信用往往能够激励购货企业扩大采购批量,尤其是当产品的终端需求与库存的展示量密切相关时,扩大的采购批量往往意味着增加的销售量,这可是对双方都有利的好消息。此外,商业信用作为短期融资的重要手段也能够在一定程度上帮助中小企业,尤其是快速成长的中小型零售企业,缓解由于资金缺乏而造成的经营障碍。国美的实践就是一个有说服力的案例,国美在快速扩张时期,常常通过延迟支付货款的方式缓解资金压力,延迟的时间有时甚至长达 1 年之久,这种通过利用供应商的资金进行门店的建设的做法,对于国美迅速形成覆盖全国的销售网络具有不可低估的作用,也成为众多后来者模仿的榜样。可以说,商业信用之于购货企业往往是有百利而无一害。

对于提供信用的供应商而言,商业信用在激励下游企业增加采购批量的同时,也给自身带来一定的成本和风险,尤其是当经济处于衰退期时,这一风险往往愈发的突出。然而,商业信用对于供应商也并非一无是处。除了提升下游企业的采购批量外,供应商也可以将商业信用作为非价格竞争的一种手段,通过灵活地利用商业信用政策而展开市场竞争。商业信用也具有信号功能,能够将优质与劣质供应商区分开来,进而缩减假冒伪劣商品的生存空间,有利于竞争秩序的规范和市场的健康成长。最后,商业信用政策还具有协调供应链的功能,供应商可以通过商业信用政策来影响下游企业的运营决策,进而实现供应链的协调和双方利益的改进,实现双赢的结果。

商业信用在融资、信号传递、供应链协调、市场竞争等方面的功能,方便了市场交易的进行,因此在实践中得到了广泛的应用。数据显示1993年美国企业间的应收账款账面价值超过1.5万亿美元,是当年公司新发债券和股票价值的2.5倍。同时以应付账款形式存在的商业信用也是货币供给的重要组成部分,其规模相当于基础货币M1规模的1.5倍(Ng等,1999)。而在德国、法国和意大利,商业信用大约占据了企业资产的四分之一;英国的数据则表明,70%的短期负债和55%的总负债是企业间的商业信用(Guariglia & Mateut,2006)。来自商务部的数据也表明,当前美国信用销售占总商品销售额的90%以上。

具有融资功能的商业信用在金融机构尚不发达的发展中国家得到了更加广泛的应用。对于金融机构尚不发达的发展中国家而言,普遍存在的商业信用能够在一定程度缓解金融市场的缺陷对国民经济的影响,研究表明在这些国家中对于商业信用依赖程度较高的行业往往具有较高的行业增长率(Fisman & Love,2003)。

在中国,无论是身处“江湖”的企业,还是高居“庙堂”的政府部门都对商业信用问题给予了高度的关注。对于企业而言,我国民营企业在获取银行贷款方面往往受到“非国民”的待遇,融资渠道不畅的民营企业更加依赖于企业间的商业信用融资。Ge & Qiu(2007)的实证分析表明,在国内民营企业间的交易中,商业信用更多的扮演着融资而不是“润滑”买卖的功能。而国美、苏宁等零售巨头在迅速扩张的过程中,也巧妙而“无情”的利用商业信用政策的融资作用。实践中,这些零售巨头有时延迟支付供应商的货款竟长达1年,国美甚至奉行“结货款前必须先把相当于货款1.5倍甚至2倍的货送进来"的政策,可以说供应商的"免费"供货是这些企业迅速崛起的重要因素。但同时,饱受"盘剥"的供应商也对这些大型零售企业拖欠货款的行为极为不满。这种不满最终导致了《零售商供应商公平交易管理办法》的出台。这部于 2006 年 7 月由商务部、发改委等五部委联合发布的旨在限制企业垄断势力的条例,明文规定购货企业的延期付款时间不得超过 60 天。

正如前文所述,提供商业信用政策对供应商也非一无是处。华为的案例有效地说明了供应商如何将用商业信用政策作为企业竞争的"有力武器"来增加销售量进而扩大市场份额。作为通信网络设备提供商,华为的客户在铺设通信网络时需要大量的投资,因此这些企业往往面临着紧张的资金流状况,此时为了与竞争对手如思科等展开竞争,华为经常允许买方客户延迟支付设备购置及相关服务的费用,甚至允许客户盈利后再支付货款。这一政策取得了较为有效的成果,帮助华为获得了众多的客户,进而促进了企业的蓬勃发展。可以说,巧妙地利用商业信用政策也是华为成长为国际级高科技企业的一个"法宝"。

在当前经济危机的大背景下,商务部提出了积极推动信用销售而扩大内需的主张,将推动商业信用销售工作已明确列入商务部的职能中,并承担起商贸领域信用信息系统建设、构建市场诚信公共服务平台方面的工作。商业信用对商业运营的影响由此可见一斑。

商业信用的普遍存在不仅引起了实务界的密切重视,也得到了学术界的普遍关注。在金融学领域,很多学者从理论上分析了商业信用大量存在的原因,解释了为何在银行体系以及证券市场高度发达的欧美发达国家,商业信用仍然得到了大量的应用;同时商业信用政策的影响因素也是金融学领域学者的关注重点。在运营管理领域,学者们更多的分析了商业信用政策下的最优库存策略,相关研究多从单个企业的角度,分析当供应商给定商业信用时下游企业如何设定最优的订货策略,而对于商业信用的融资作用、信号作用、供应链协调作用以及商业信用本身所固有的风险因素往往分析不足。

近些年来,随着供应链管理思想的日益深入人心,学术界开始关注商业信用对供应链的协调优化作用,已有文献以商业信用作为供应链协调机制,分析其对供应链的协调作用,目前这一课题已经成为新兴的研究领域。然而,需要指出的是这些研究仅仅处于起步阶段,仍有大量的理论问题等待研究,比如商业信用的短期融资作用对于供应链库存的协调和优化、商业信用本身的风险对供应链上各个企业的影响、单阶段和两阶段商业信用政策的选择依据等问题仍未得到解决,因此面向供应链库存协调的商业信用问题是有待开发的研究领域。

而在实践中,设置有效的商业信用政策以提升供应链的利润并规避信用风险也是我国企业尤其是外贸企业发展的需要。由于中国外贸企业竞争激烈,为了能够实现产品销售,我国外贸企业往往提供宽松的信用政策,各国进口商普遍能在中国获得更高的信用额度和更长的交易商业信用期限。目前,中国企业对外出口80%以上采用信用交易的方式,欧美国家卖方付款期限一般在交货后90天,有的长达120至150天。当前我国外贸企业的平均坏账率约为5%是发达国家的10倍,每年的损失高达400亿美元。因此,企业在以宽松的商业信用政策激励购买商增加采购量的同时,也必须考虑商业信用本身的风险,而如何设置最优的商业信用政策和也是企业界面临的重要实践问题。

鉴于理论的不足和实践的需要,本书将深入研究商业信用对于供应链运营的影响,将商业信用作为协调机制,分析各种不同的实践背景下企业如何利用商业信用降低供应链的总成本,提升供应链的整体竞争能力,同时分析信用风险对商业信用以及供应链库存决策的影响,本书还将对当前我国企业在商业信用政策方面的实践展开案例研究和实证分析。

本书的研究成果在实践指导和理论拓展方面均具有重要的意义,具体体现在两个方面。

(1) 本书的研究成果将有助于企业重新思考当前商业信用政策的有效性,进而为广大企业提升商业信用政策的作用和效果提供理论指导。

供应链协调是供应链管理区别于传统的企业管理的主要方面,也是供应链管理的精髓所在。在供应链管理背景下,企业为降低成本、获得更大的竞争优势,除了加强自身管理外,还应重视与上下游企业间的协作,共同降低供应链库存总成本。因此,如何利用供应链协调机制实施供应链管理成为企业关注的普遍问题。而商业信用协调机制作为一种新的协调机制,给企业协调供应链提供了更多的选择。尽管学术界对供应链协调问题展开了深入的研究,并取得了较多的研究成果。但是商业信用作为一种新的供应链协调机制,具有其他协调机制所不具备的作用和特点,如融资作用、信号作用以及信用风险等,因此研究商业信用对供应链的协调作用,并非对其他协调机制的简单模仿和扩展,而是具有重要的理论创新。

因此,本书的选题具有较强的实际背景和应用价值,也是供应链管理实践发展的需要,所得的研究成果将为供应链成员企业在库存协调控制方面提供理论依据和实践指导。

(2) 目前缺乏对商业信用协调机制的研究,本书的研究成果将能填补这一理论研究空缺,推动理论研究的深入发展。

从宏观层面看,长期以来,学者对供应链中的物流和信息流进行了大量的研究,唯独对于供应链上的资金流关注较少。实际上通过资金流的有效安排也能优化供应链中库存、运输等职能,进而增强供应链的竞争优势。而商业信用是供应链上资金流管理的一个重要基础和手段,研究商业信用对供应链的协调作用将为研究供应链资金流问题的提供理论基础,同时也为进一步的深入分析物流金融、融通仓业务以及国际物流等问题开辟理论道路。

从微观层面看,学术界对商业信用问题的关注还停留在单个企业最优的传统企业管理思路上,研究商业信用对供应链的协调作用,将直接填补商业信用理论研究的空白。此外,商业信用所面临的资金约束、支付风险以及双边信息不完全等具体问题也是以往供应链协调问题研究,所未曾涉及或者较少涉及的问题。因此,本书的研究不仅能够开辟新的研究领域,也能够拓展供应链协作问题的研究领域。

1.2 本书的主要研究内容

根据当前学术界研究的现状和企业的具体实践,本书围绕着面向供应链协调的商业信用协调机制,设置如下的研究内容。

1. 商业信用的信用风险对供应链协调的影响及应对策略

在供应链库存协调控制领域,存在一个普遍的结论:在分散决策的供应链中,下游企业的采购量往往低于系统最优的采购量,因此上游企业需要采用各种措施激励下游企业增加采购批量,以实现供应链的协调和各方利润的增加。然而这一结论却忽略了实践中普遍存在的信用交易以及由此导致的信用风险。实践中,由于商业信用及其风险的普遍存在,在某些条件下,鼓励下游企业增加订货量可能就不再是上游企业的最优决策。此时,商业信用及其信用风险对上游企业库存决策的影响就成为值得研究的问题。

本部分首先研究商业信用政策给定及终端需求随机时,上游企业的最优库存策略,检验此时激励下游企业增加采购批量是否仍旧是上游企业的最优决策,同时分析信用风险、商业信用长度及需求的随机特性对供应链库存协调的影响。随后进一步考虑供应商在不同风险偏好下的最优库存决策,分析供应商的风险态度对给定商业信用政策时供应链协调的影响。当存在商业信用及其风险时,论文还给出了零售商应该如何协调供应链的政策建议。

2. 商业信用协调供应链的实践依据研究

尽管商业信用本身具有一定的风险,但是当上下游企业已建立其长期的合作关系,或者购货企业面临较好的现金流状况时,商业信用的风险可以忽略,此时供应商可以利用依赖于库存采购批量的商业信用来激励购货企业增加采购批量进而实现供应链的协调和优化,即交易可以作为供应链协调机制。然而,以商业信用协调供应链的前提在于,供应商的商业信用政策能够影响购货企业的库存决策,目前这一问题尚未得到实证研究的支持,因此以商业信用协调供应链的设想需要实证的支持。

本部分以我国汽车行业的上市公司为样本进行详细的实证研究,具体分析商业信用对企业库存决策的影响,以商业信用为供应链协调机制给出实证支持。在数据方面,考虑到可得性和成本,本书主要利用公开的宏观经济数据和上市公司财务报表数据。

3. 协调供应链的商业信用协调机制设计

给定商业信用政策下企业的库存决策问题得到了较多的研究,而将商业信用作为供应链协调机制的研究却十分稀少。与其他常用的供应链协调机制相比,商业信用由于特有的融资作用而独具优势,特别是当购货企业面临资金约束时,商业信用作为一种供应链协调机制,具有其他供应链协作机制无法比拟的优势,也是商业信用这一协调机制的独特之处。此外,商业信用也由于自身的风险而限制了其适用的范围。因此,分析资金约束条件下和信用风险条件下商业信用协调机制对供应链库存协调作用,具有重要的理论创新。

作为本书研究的核心内容,本部分首先分析资金约束条件下协调供应链的商业信用政策的参数设置以及该政策对供应链收益的改进,给出双方的谈判能力对商业信用长度及供应链收益分配的影响。随后进一步考虑多产品、风险规避、信息不完全等更加复杂背景下供应链的商业信用协调机制的设计问题,并比较商业信用协调机制与其他协调机制间的异同及优劣。

4. 第三方提供存货质押融资服务时,存货质押率问题研究

现实中,当供需双方均面临资金约束,或者由于信息不对称以及信用风险过高等原因导致供需双方不能直接实施信用交易时,物流服务提供商或者商业银行等第三方服务机构则可以通过提供金融服务而促成交易并实现供应链的优化。目前日益兴起的物流金融服务即可视为由第三方服务商提供的商业信用。

本部分从第三方服务商的视角,以当前国内普遍存在的库存质押融资服务为研究对象,分析这一质押服务的质押率的确定问题。具体分析,当库存质押融资的风险来自产品的需求波动时,最优的质押率问题,并研究第三方的不同风险偏好对质押率的影响。

1.3 本书的研究思路和章节安排

根据上述研究内容,本书安排如图1-2所示的章节,具体思路如下:

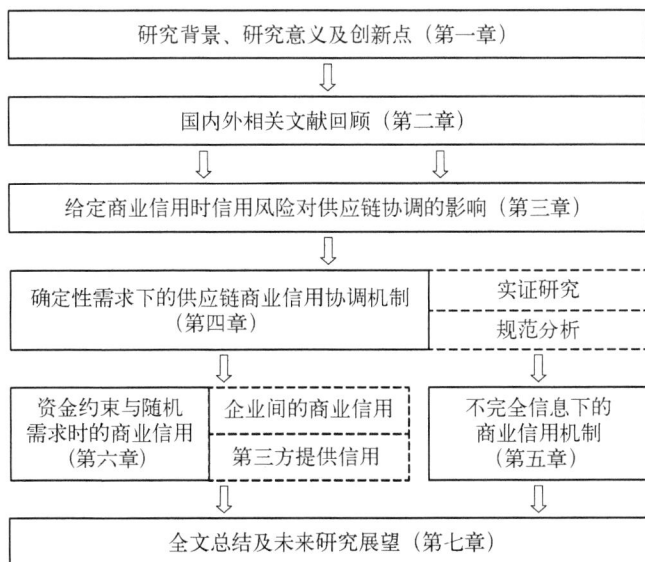

```
┌─────────────────────────────────────────────┐
│      研究背景、研究意义及创新点（第一章）           │
└─────────────────────────────────────────────┘
                    ⇩
┌─────────────────────────────────────────────┐
│        国内外相关文献回顾（第二章）               │
└─────────────────────────────────────────────┘
          ⇩                    ⇩
┌─────────────────────────────────────────────┐
│   给定商业信用时信用风险对供应链协调的影响（第三章）   │
└─────────────────────────────────────────────┘
                    ⇩
┌──────────────────────────┐  ┌───────────────┐
│ 确定性需求下的供应链商业信用协调机制 │  │    实证研究     │
│        （第四章）            │  ├───────────────┤
│                          │  │    规范分析     │
└──────────────────────────┘  └───────────────┘
          ⇩
┌──────────────┬───────────────┐  ┌───────────────┐
│ 资金约束与随机   │  企业间的商业信用  │  │  不完全信息下的   │
│ 需求时的商业信用  ├───────────────┤  │  商业信用机制    │
│ （第六章）      │  第三方提供信用   │  │  （第五章）     │
└──────────────┴───────────────┘  └───────────────┘
          ⇩                            ⇩
┌─────────────────────────────────────────────┐
│        全文总结及未来研究展望（第七章）             │
└─────────────────────────────────────────────┘
```

图1-2 本书内容框架图

（1）阐述本书研究的相关理论与实践背景，分析商业信用政策在企业管理中的实践以及学术界对有关商业信用的研究概况和特点以明确本书研究的出发点和背景，随后就本书研究的内容、意义、创新点和论文的逻辑框架和章节安排给出简要的说明，这些内容构成了文章的第 1 章，并以"绪论"为题。

（2）对与本书相关的国内外研究文献给出较为详细的梳理和总结，并对这些研究的贡献和不足给出评述，以明确当前学术界对商业信用与供应链协调的研究现状和值得进一步研究的方向，进而说明本书选题的创新点和在学术研究中的地位。这一部分的内容以"国内外相关研究文献综述"为题安排在第 2 章。

（3）研究给定商业信用政策下的供应链库存协调问题。尽管企业可以通过设置灵活的商业信用政策来实现供应链的优化和竞争能力的提升，但是遵循行业惯例设置固定的商业信用政策仍然是很多企业的选择，因此将商业信用作为外生的给定变量，进而分析信用风险条件下的供应链库存协作问题仍然是值得研究的重要方面。本书第 3 章"商业信用给定时信用风险对供应链协调的影响"即对这一问题给出详细的分析。

（4）上一章节的自然延伸就是将商业信用设为可变的决策变量，通过设置灵活的商业信用政策来实现供应链的优化和协调，这一课题既是当前学术界关注的热点也是本书研究的核心。论文第 4 章首先通过实证研究检验以商业信用协调供应链的合理性和可行性，随后规范性的给出确定性需求下最优的商业信用协调机制。在实证研究中以我国汽车行业的上市公司为样本，研究商业信用对企业库存采购决策的影响，验证商业信用对提升企业采购批量的作用。

（5）不完全信息下基于商业信用的供应链协调问题，是对第 4 章的规范模型的自然扩展，相关的内容在第 5 章中。这一章重点研究了单边不完全信息和双边不完全信息时商业信用协调机制的设计问题,给出了当制造商不知道零售商的资金成本信息时,如何设计菜单合同以实现总成本的最小化。而在双边不完全信息背景下,则分析了上下游企业在确定最终的商业信用长度时的谈判策略。

第 6 章在第 4 章的基础上引入和资金约束和随机需求,同时分析了第三方提供信用时的实践问题。当下游企业面临预算约束时,商业信用由于具有融资作用而比其他协调机制更加有效,此外,随机需求也更加的符合企业运营管理的实践。而当供应商也面临资金约束时,供应商就将难以提供商业信用,此时可以考虑由第三方提供的商业信用。当前普遍存在的存货质押融资业务就是第三方提供信用的代表,本书第六章也将对这一问题进行研究。

(6)第 7 章总结全文的研究结论,指出研究的不足和值得进一步研究的可行方向。

1.4 本书研究的创新点

本书的创新点主要体现在以下几个方面。

(1)提出并证明了商业信用协调机制的独特优势,即在下游购货企业面临资金约束时,商业信用由于具有融资作用而能够协调供应链,而其他常用协调机制由于不具有融资作用而不能协调供应链。商业信用所具有的融资作用,说明了商业信用作为一种供应链协调机制具有重要的理论和实践意义。

资金不足是很多快速成长中的企业,尤其是零售型企业所面临的重要问题,而且在金融体系尚不发达的发展中国家,资金不足问题也是很多企业经常面临的难题。从供应链的视角看,当下游企业面临资金约束时,这些企业的库存采购批量往往受到限制,此时供应链的不协调状况往往较为严重。而常用的供应链协调机制,如数量折扣、销售返利、回购等由于不具有融资作用,将难以提升下游企业的购货批量进而实现供应链的协调。在这一背景下,具有融资作用的商业信用将是协调供应链的唯一选择,本书第一次指出了商业信用协调机制的这一独特优势。商业信用在协调供应链方面的独特优势,也解释了为何在发展中国家,更依赖于商业信用的行业往往获得更快的发展。

(2) 首次分析了商业信用风险对供应链协调的影响,指出了存在商业信用及信用风险时,供应商有可能不再鼓励购货企业增加采购批量,而可能会降低零售商的采购批量。这一结论阐明了阻碍供应链协调的另一个新因素,即信用风险导致上游企业有意减少供货量。而在已有的研究文献中,商业信用及其风险对供应链协调的影响并未得到关注。

已有的有关供应链协调管理的研究文献均未考虑实践中普遍存在的商业信用及其风险,在上游供应商面临无风险支付的假设条件下,普遍的观点均认为上游供应商应当通过各种方法鼓励零售商增加采购批量进而实现供应链的协调和优化。然而本书的研究表明,当存在商业信用及风险时,增加零售商的采购批量并不总是供应商的最优选择,而增加零售商的采购批量至供应链最优采购批量的结论也仅仅是供应商三种可能选择中的一种。另两种选择分别是减少零售商的采购批量和增加零售商的采购批量但是并不增加到整个供应链的最优采购批量。因此,本书的结论对于影响供应链协调的因素给出了更多的解释,指出了供应链上资金流的安排对供应链协调和绩效的影响。

(3) 分析了双边不完全信息下基于商业信用的供应链协调问题,给出了当供应链的上下游企业对彼此的资金成本信息不完全掌握时,供应链上企业的最优策略,说明了双边不完全信息对供应链协调的影响。本书对双边不完全信息时供应链协调的研究,突破了以往的研究仅仅假设单方面信息不完全的局限。

信息不完全对供应链协调优化有着重要的影响,已有的研究多假设单方面的信息不完全,即供应链上的某一企业对自己和合作方的信息具有完全信息,而另一个企业则不知道对方的信息。这些研究多从单个企业的视角分析,如处于信息劣势的一方如何"甄别"另一方的信息,或者具有信息优势的企业如何向对方传递信息。而在实践中,企业均对自身的参数及特点具有完全信息,而对其他企业的信息则不完全掌握,即存在着双边的不完全信息,本书则分析了供应链上双边不完全信息对供应链协调的影响,给出了双边不完全信息下各方的行为策略及均衡结果。

(4)以中国企业的具体数据实证检验了商业信用与企业库存管理间的关系,证明了企业的应付款天数与库存天数间的正相关关系,揭示了商业信用在激励购货企业提升库存采购批量的作用,为将商业信用作为供应链协调机制提供了现实依据,改变了商业信用协调供应链研究中,实证研究不足的现状。

当前有关商业信用与库存间关系的研究多以数量模型分析为主,较少有实证研究检验这些模型的结论。同时越来越多的研究开始将商业信用视为供应链协调机制,而商业信用能够协调供应链的前提在于:商业信用能够影响下游购货企业的库存决策,即企业在确定最优的采购批量时会考虑供应商提供的信用政策。本书的实证研究证明了商业信用对企业库存采购量的激励作用,说明了上游企业提供的商业信用越"慷慨",下游企业的采购量就会越大,为将商业信用设为供应链协调机制提供了实证依据。此外,已有的关于企业库存管理方面的实证文献则很少考虑商业信用对库存管理的影响,而本书的实证研究则说明了供应商的商业信用也是影响企业库存决策的重要因素。

第 2 章 国内外相关研究文献综述

本书主要研究给定商业信用政策时信用风险对供应链协调的影响以及如何设置商业信用政策以实现供应链的协调,并对商业信用与企业库存水平间的关系展开实证分析。因此,与本书相关的研究文献可以大致分为商业信用、供应链协调以及有关库存管理等领域。通过对这些研究领域的详细考察不难发现,当前学术界在这些领域均展开了较多的研究,并取得了不少实质性的成果,然而尚有不少的理论问题需要进一步的分析,此外随着企业实践的发展,新的管理问题也在不断涌现,这些问题需要学术界给出新的解释和解决思路,因此在这些领域仍旧存在着大量的研究机会。

本部分将首先分析有关商业信用的主要文献,总结已有的研究结论和不足。随后归纳供应链协调方面的主要研究成果,给出普遍的结论和进一步的研究方向,最后对与本书研究相关的供应链金融以及库存管理的实证研究给出归纳和总结。通过详细的文献梳理和总结,本部分将进一步明确本书研究的创新点和理论贡献。

2.1 商业信用的基础理论文献综述

商业信用作为商业实践中普遍存在的现象,得到了学术界的普遍关注,相关的研究文献可以大致分为两类(见图 2-1):有关商业信用基础理论的研究文献、有关商业信用与库存管理的研究文献。对商业信用基础理论的研究文献侧重于构建关于商业信用的基础理论,解释商业信用普遍存在的原因、商业信用的对于国民经济的作用以及影响商业信用的因素。而研究商业信用与库存管理间关系的学者主要来自运营管理领域,这些学者更多的关注给定商业信用政策下的企业最优的库存政策或者如何设定商业信用政策以实现供应链的协调。

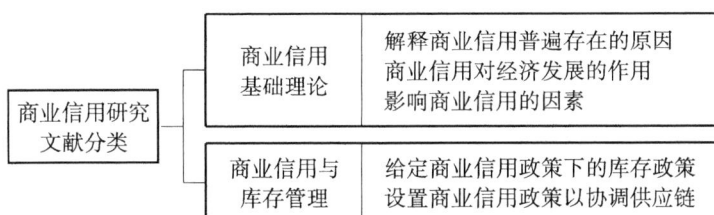

图 2-1　商业信用研究文献分类

分析商业信用的功能和作用是解释商业信用普遍存在原因的最佳切入点,当前学术界总结出的商业信用的主要作用包括:商业信用的融资作用、商业信用的信号传递作用、商业信用的价格歧视功能等。

融资和解决流动性限制是用来解释商业信用功能的最常见理论,尤其是在金融机构尚不发达的发展中国家,供应商融资是很多中小企业的主要短期资金来源。Ferris(1981)指出商业信用较金融机构的贷款具有更大的支付灵活性;Emery(1984)则认为买卖企业间的商业信用能够绕过金融机构的非竞争租(noncompetitive rent);Schwartz(1974)通过模型说明,流动性约束小的大企业更有可能提供商业信用政策;Mian & Smith(1992)则进一步指出供应商往往能够比金融机构以更低的成本为下游企业提供信用贷款,商业信用能够取代金融机构而为客户企业提供短期融资,进而解释了商业信用普遍存在。商业信用的优势:① 由于供应商与众多下游企业进行商业交易,进而能够以更低的成本获得更多的行业信息;

② 供应商对于自身产品的销售趋势具有较多信息，进而知道下游企业何时会因销售会下降而遇到财务困境；③ 当下游企业面临破产清算时，供应商能够比金融机构从其剩余的产品中获得更多的价值。支持上述论断的文献还包括：Smith & Schnucker(1993)、Peterson & Rajan(1997)。

Smith(1987)较早研究了商业信用的信号功能，文章指出当供应商对于零售商的破产风险具有不对称信息时，供应商可以通过设置商业信用合同来识别零售商的破产风险，此时两阶段的商业信用往往能够起到信息甄别的功能。此外，商业信用还能够让零售商在支付货款前有足够的时间来检验供应商产品的质量，进而有利于市场交易的进行。Long 等(1993)通过实证研究支持了商业信用在传递产品质量信息方面的功能，他们的研究表明规模较小的企业和需要较长时间才能评估出产品质量的产品提供商更有可能提供商业信用。支持商业信用信号功能的文献还有 Lee 等(1993)。

在商业信用的价格歧视功能方面，Nadiri(1969)较早研究了企业间的商业信用问题，并认为商业信用是最佳销售政策的一部分。Emery(1987)则认为当供应商面临需求波动时，相对于改变销售价格和生产水平，改变商业信用政策可能更为有利。这一观点也得到了 Long 等(1993)的实证支持。Brennan(1988)的研究也分析了商业信用的价格歧视功能。Burkart & Ellingsen(2005)建立了一个更为一般的理论模型，解释了未能为以往的理论模型所解释的实证结论。

Ng 等(1999)通过实证研究分析了影响企业商业信用决策的因素，探讨了决定不同形式商业信用的主要因素，结论表明商业信用的形式和长度在行业内差别较小，而在行业间的差别较大。此外，在商业信用的信号传递作用方面，企业层面的数据表明企业更多的是利用商业信用传递诸如供应商产品质量和买方企业支付能力等方面的信息。

在商业信用的影响因素方面，Ng 等（1999）认为原始设备制造商（OEM）相对于零售商而言，行业退出壁垒较高进而信用风险相对较小，因此会更容易获得商业信用。而与多个下游企业进行交易的供应商由于管理应收账款的规模经济，而更愿意提供商业信用。Mian & Smith（1992）、Frank & Maksimovic（1998）的研究表明原材料等容易再销售的产品的供应商往往更愿意提供商业信用，原因在于当下游企业可能破产时，供应商遭受的损失更小；Fisman & Love（2003）的实证研究支持了上述命题。

此外，商业信用的融资作用对于促进后发国家经济的发展具有积极的作用。Fisman & Love（2003）的研究表明在金融体系落后的国家，对商业信用融资依赖程度更高的行业具有更高的增长速度；Franklin 等（2005）则认为有效的非正式融资渠道支持了中国民营经济的发展；Ge & Qiu（2007）则用问卷调查所得的数据进一步证明了我国民营企业比国有企业更多的利用了商业信用，而且商业信用主要起到融资而非方便交易的功能。

表 2 - 1 总结了有关商业信用的基础理论研究文献。

表 2 - 1　商业信用基础理论文献

商业信用存在的原因	融资和解决流动性约束	Ferris（1981）；Emery（1984）；Schwartz（1974）；Mian & Smith（1992）；Smith & Schnucker（1993）；Peterson & Rajan（1997）
	信号传递功能	Smith（1987）；Long 等（1993）；Lee 等（1993）；Ng 等（1999）
	非价格竞争功能	Nadiri（1969）；Emery（1987）；Brennan（1988）
	其他功能	Burkart & Ellingsen（2005）
影响商业信用的因素	信用风险	Ng 等（1999）；Mian & Smith（1992）；Frank & Maksimovic（1998）；Fisman & Love（2003）
	规模经济	Ng 等（1999）

（续表）

商业信用对国民经济的影响	支持经济发展	Fisman & Love（2003）；Franklin 等（2005）；Ge & Qiu（2007）

2.2　商业信用与库存间关系的研究文献综述

在运营管理领域，学术界对商业信用与库存间的关系进行了较多的研究，这些研究文献可以大致归为两类，第一类从单个企业的视角研究商业信用，研究当商业信用给定时下游企业的最优库存政策以及下游企业采购政策给定时上游企业的最优商业信用政策，这类文献较多；第二类文献将商业信用作为供应链协调机制，研究商业信用对供应链的协调作用，这类研究文献多出现在最近几年。

在第一类研究文献中，Haley & Higgins（1973）较早研究了给定供应商的商业信用条件时，零售商的最优订货批量和最优支付时间。Goyal（1985）进一步给出了存在商业信用时的库存模型，通过将商业信用引入 EOQ 模型，奠定了这一领域的研究基础。在Goyal（1985）的研究中，模型的符号及假设主要如下所述：

令 D 为年需求量，h 为年库存持有成本（不包括资金占用成本），I_c 为库存的年资金占用成本，I_d 为年投资收益成本，p 为采购单价，S 为每次的订货成本，t 为延期支付时间，T 为订货周期长度，$Z(T)$ 为总库存成本。除去延迟支付货款外，模型的假设与EOQ 模型的假设相同。在供应商给定延迟支付政策下，零售商的库存总成本为

$$
Z(T) = \begin{cases} \dfrac{S}{T} + \dfrac{DTh}{2} + \dfrac{DTpI_c}{2} + \dfrac{Dpt^2 I_c}{2T} - DptI_c - \dfrac{Dpt^2 I_d}{2T} & 若\ T \geqslant t \\[2ex] \dfrac{S}{T} + \dfrac{DT}{2}(h + pI_c) - DptI_d & 其他 \end{cases}
$$

以 $T \leqslant t$ 为例,成本为库存订购、库存持有和由于商业信用而节约的资金。

求最优化可得零售商的最优采购批量为

$$Q = \begin{cases} \sqrt{\dfrac{D(2S + Dpt^2(I_c - I_d))}{h + pI_c}} & \text{若 } T \geqslant t \\ \sqrt{\dfrac{2SD}{h + pI_d}} & \text{其他} \end{cases}$$

而在不考虑商业信用时,零售商的最优采购批量为

$$Q_0 = \sqrt{\frac{2DS}{h + pI_c}}$$

由于 $I_c \geqslant I_d$,因此有 $Q \geqslant Q_0$,即当供应商提供商业信用时,零售商的采购批量会增加。

以上述研究为基础,后续的研究通过放松该模型的假设而对之进行了多维度的扩展,如 Aggarwal & Jaggi(1995)、Chu & Chung(1998)和 Jamal 等(1997;2000)放松了产品可以无限制存储的假设,进一步考虑了产品的易变质特性,分析了当产品为易腐物品时零售商在给定商业信用政策下的最优采购批量。

Shinn(1997)、Hwang & Shinn(1997)和 Teng 等(2005)放松了确定性需求的假设,分析了需求依赖于价格时购货企业的最优订货量;Jaggi & Aggarwal(1994)将资金的时间价值纳入模型分析;Jaggi 等(2008)则分析了当享受延期支付的零售商向其客户提供延期支付政策,而且终端客户的需求依赖于延期支付政策时,零售商如何设置最优的补货策略。国内也有一些文献对这一问题进行了研究,如邱昊、梁樑(2007)分析了购货企业的最优付款时间;朱文贵等(2007)研究基于延迟支付方式下的存货融资问题。

上述文献均假设商业信用为单阶段的商业信用,Sana & Chaudhuri(2008)则分析了在给定两阶段商业信用和价格折扣时零

售商的订货策略,该文同时考虑了各种确定性需求(时间线性、依赖于价格、依赖于库存水平等)背景下的最优库存策略,进而对已有的理论成果进行了总结和扩展。Ouyang 等(2005)、Ho 等(2008)也以两阶段的商业信用取代 Goyal(1985)给出的单阶段的商业信用,分析了此时购货企业的最优库存决策。

与上述文献将商业信用作为外生的变量不同,Arcelus & Srinivasan(1992)、Chung 等(2005)提出了一个"阈值"商业信用政策,在该政策下当买方企业的采购批量大于给定"阈值"时供应商允许买方企业延期支付货款,否则不能享受延期支付优惠。Chung & Liao(2008)进一步引入资金的时间价值而扩展了上述模型。Kim 等(1995)从供应商的视角分析了如何确定最优的商业信用政策;Abad & Jaggi(2003)则进一步地增加了价格这一决策变量,进而增加了上述研究的适用范围。

然而,上述研究均以单个企业的成本最小化为决策目标,分析商业信用给定时的最优订货政策,没有考虑商业信用对供应链的协调作用以及如何设定商业信用政策以协调供应链。Yang & wee(2006)研究了在买方和卖方组成的易腐品库存系统中,系统最优的补货策略。并将商业信用作为协调机制,分析其对库存系统的协作作用。Luo(2007)将商业信用作为协调机制,研究了在确定性需求下商业信用对供应链的协调作用,通过与数量折扣合同机制的对比,指出在一定条件下商业信用要优于数量折扣合同。Ho 等(2007)研究了需求依赖于价格且有现金折扣商业信用条件下供应链最优的定价和补货政策。Sarmah 等(2007)则在单个供应商多个零售商的供应链中,分析了商业信用的激励作用。类似的文献还包括 Chen & Kang(2007),Jaber & Osman(2006)等,Seifert 等(2013)对商业信用相关的文献进行了详细的综述。

表 2-2 总结了这一领域的相关研究,从这些研究中我们可以看出,当前学术界对商业信用问题的研究已经取得了较多的成果,

但仍旧存在一些不足。

表 2-2　商业信用与企业库存间关系的研究文献

零售商视角	基本模型	Haley & Higgins(1973);Goyal(1985)
	易腐品	Aggarwal & Jaggi (1995); Chu & Chung (1998);Jamal 等(1997;2000)
给定商业信用时的最优订货批量	需求依赖于价格	Shinn(1997); Hwang & Shinn(1997);Teng 等(2005)
	考虑资金时间价值	Jaggi & Aggarwal(1994)
	两阶段商业信用	Sana & Chaudhuri (2008); Ouyang 等(2005);Ho 等(2008)
	其他	Jaggi 等(2008);邱昊、梁樑(2007);朱文贵等(2007)
供应商视角	基本模型	Arcelus & Srinivasan(1992);Kim 等(1995);Chung 等(2005)
设置最优的商业信用	考虑资金时间价值	Chung & Liao(2008)
	需求依赖于价格	Abad & Jaggi(2003)
供应链视角	以商业信用协调供应链	Luo (2007); Yang & wee (2006); Ho,Ouyang & Su(2007);Chen & Kang(2007);Jaber & Osman(2006)

（1）商业信用的融资作用在运营管理领域并未得到关注：运营领域的学者在研究给定商业信用下的库存决策问题时,均未曾考虑购货企业可能面临的资金约束问题。实际上,当购货企业存在资金限制时,商业信用的核心意义才能显现出来。

（2）商业信用下的库存决策问题,较少考虑需求的随机性：当前对商业信用下的库存优化或者商业信用对供应链库存的协调作用的研究多以 EOQ 模型为基础,而商业实践中,很多商业信用的是季节性产品,假设确定性需求往往不符合实际。

（3）对商业信用中存在的信用风险问题的研究较少：商业实践中企业的应收账款坏账准备金普遍存在，间接说明了商业信用存在着一定的支付风险。分析信用风险条件下，商业信用的设定及其对供应链的协调作用将是值得研究的方向。

（4）信息不对称时的商业信用问题并未得到足够的重视：这里的信息不对称涉及两个方面，首先是供应链上的双方就对方的投资收益率、购货企业的资金约束可能存在着信息不对称；其次，商业信用的信号传递功能并未得到运营领域的学者的关注。

2.3 供应链协调的相关研究文献综述

现实中供应链多由若干个利益相对独立的企业通过联盟或合作关系组成的分散式供应链，系统联合最优的决策对各个成员来说不见得是最优的。当供应链的各成员都试图最优化自己的利润时，供应链整体的利润将不可避免地受到损害，就出现所谓的"双重边际"（Double Marginalization，Spengler 1950）和"牛鞭效应"（Lee，1997）现象。

因此解决"双重边际"和"牛鞭效应"必须明确利益协调机制，在实现利益合理分配的同时保证对供应链成员的有效激励，使分散式供应链的整体利润与集中系统下的利润尽量相等。即使达不到供应链协调，也可能存在帕雷托最优解（即每一方的状况至少不比原来差）。供应链协调就是通过各种协调机制尽量减少"双重边际"和"牛鞭效应"造成的效率损失。根据文献对需求假设不同，可以将相关的研究文献粗略的归结为两大类：确定性需求下的供应链协调问题研究与随机需求下的供应链协调问题研究。

2.3.1 确定需求时的供应链协调问题研究

这些研究多是基于 EOQ 模型研究数量折扣等协调机制对供应链的协调作用。其中，数量折扣（也称为价格折扣），是供应链库存协作控制的一种常见形式,由于其操作简单而受到了学术界和实务界的广泛关注。

Monahan(1984)最早研究了供应链的数量折扣问题,在"批量对批量"的供应模式下,作者给出了在由单个卖方企业和买方企业构成的供应链中,系统最优及买卖企业最优的数量折扣合同。在确定性需求下,供应链的协调问题可分析如下。

令 K_b, K_v 分别表示零售商和供应商的库存采购成本,h 为零售商的库存持有成本,Q 为采购批量,$TC(\cdot)$ 为总成本。则当不存在协调机制时,零售商单位时间的总成本:$TC_b(Q) = \dfrac{DK_b}{Q} + \dfrac{hQ}{2}$,等式右边的第一项为单位时间的订货成本,而第二项为库存持有成本。令 $\dfrac{\mathrm{d}TC}{\mathrm{d}Q} = 0$ 可得零售商的最优采购批量:

$$Q_b^* = \sqrt{2DK_b/h}$$

而在"批量对批量"的供应模式下,供应链的总成本:$TC_j(Q) = \dfrac{D(K_v + K_b)}{Q} + \dfrac{hQ}{2}$,总成本较零售商成本多出供应商的生产准备成本 $TC_v(Q) = \dfrac{DK_v}{Q}$。与零售商的最优批量求解方法类似,可得供应链整体最优定购量为

$$Q_j^* = \sqrt{2D(K_b + K_v)/h}$$

对比,供应链最优的采购批量和零售商最优的采购批量,显然有 $Q_j^* > Q_b^*$,即在分散决策的供应链中,零售商最优的采购量小于供应链最优的采购量,此时供应链未能实现协调。Monahan(1984)最早给出了数量折扣协调机制,以协调供应链。

Rosenblatt & Lee(1986),对上述模型进行了扩展,取消了"批量对批量"的假设,因此其模型的结论更具一般意义;安恰和骆建文

(2007)则更进一步的将产品的腐烂特性纳入模型分析,证明了非易腐物品仅为易腐品的特例,进而扩展了 Rosenblatt & Lee(1986)的模型的适用范围;而 Munson 等(2001)将二级供应链扩展到包括供应商、制造商和零售商的三级供应链系统,分析了三级供应链库存的协作控制机制。

上述文献均假设单一的供应商和单一的零售商,而单个供应商与多个零售商的组成的供应链的协调问题也得到了较多的研究,相关的研究文献包括:Lal & Staelin(1984),Kim & Hwang(1988),Drezner & Wong(1989),Weng & Wong(1993),Wang & Wu(2000)。而需求依赖于价格时的供应链协调问题也得到了较多的研究,包括 Parlar & Wang(1994),Weng(1995a),Weng(1995b),Abad(1994),Chakravarty & Martin(1991),Viswanathan & Wang(2003)等。

上述研究均假设信息完全对称,Corbett 等(2001)则进一步给出了信息不对称时的数量折扣合同,结论表明信息不对称时供应链不能实现协调,也说明了信息共享对提高供应链绩效的重要作用;张钦红与骆建文(2007)进一步地分析了信息不对称对易腐物品供应链数量折扣机制的影响,对不对称信息下一般物品供应链的协调问题进行了扩展。

Benton & Park(1996),Munson & Rosenblatt(1998)以及 Sarmah 等(2005)对确定性需求下的供应链数量折扣合同进行了较为详细的综述。

2.3.2　随机需求时的供应链协调问题研究

需求随机时的供应链协调研究文献多以报童模型作为分析工具,分析各种不同协调机制对供应链的协作情况。Cachon(2003)对基于报童模型的供应链协调文献进行了较为详细的梳理和总结。常用来协调报童模型下的供应链的合同机制包括:批发价合同(the wholesale price contract)、回购合同(the buy back contract)、收益共享合同(the revenue sharing contract)、数量弹性合同(the quantity flexibility contract)、销售返利(the sale rebate contract)、数量折扣合同(the quantity discount contract)。

经典报童模型中,令 D 为随机需求量,$F(x)$,$f(x)$ 分别为随机需求的先验分布函数和密度函数,p,w,c,s 分别表示产品的零售价格、批发价格、生产成本和期末残值,q 为采购批量。则当不存在任何协调机制时,零售商的利润函数为

$$\pi_r(q) = p\,\mathrm{Min}(D, Q) + s\,\mathrm{Max}(q - D, 0) - wq$$

等式右边三项分别为零售商的销售收入、期末剩余库存的残值和零售商采购成本。对上式求期望可得

$$E[\pi_r(q)] = (p - w)q + (s - p)\int_0^q F(x)\mathrm{d}x$$

则零售商的最优采购批量为如下最优化问题的解:

$$\mathrm{Max}_q E[\pi_r(q)] = (p - w)q + (s - p)\int_0^q F(x)\mathrm{d}x$$

对上式求最优化可得零售商的最优采购批量为

$$q_r = F^{-1}\left(\frac{p - w}{p - s}\right)$$

而供应链整体的总利润为

$$\pi_r(q) = p\,\mathrm{Min}(D, q) + s\,\mathrm{Max}(q - D, 0) - cq$$

对应最优的采购量为

$$q_s = F^{-1}\left(\frac{p - c}{p - s}\right)$$

容易证明 $q_r < q_s$,即零售商的采购量低于系统最优的采购量,说明在分散决策的供应链中,零售商以自身利润最大化为目标,其采购

行为不能取得系统的最优,Spengler(1950)将该现象称为"双边际效应"。为解决这一局部最优同整体间的矛盾,学术界给出了众多的合同机制,如数量折扣、返利、利润分享、回购等,以激励零售商增加采购量。

在批发价格合同中,供应商向零售商收取单位购买价格。一般认为批发价格不能协调供应链(Cho & Gerchak, 2001; Chen & Federgruen, 2001),尽管如此批发价格合同仍旧得到了大量的应用,原因在于其实施成本低、容易管理。因此,在分析供应链协调机制时,协调机制的实施成本也是需要考虑的重要因素。有关批发价合同的研究文献包括:Anupindi & Bassok(1999)研究了无限阶段重复的报童模型,其中每阶段通过剩余库存相联系,结论显示此时的批发价合同较单一周期时更能促进供应链协调;Debo(1999)借鉴重复博弈的思想,分析了各阶段相互独立的无限阶段报童模型,结论表明当企业的利润折现率低于一定水平时,批发价合同也能实现供应链的协调;Lariviere & Porteus(2001)研究了当零售商为风险厌恶时批发价格的设定,结论显示在大多数需求分布下,风险规避的零售商会要求供应商设定更低的批发价格以获得风险补偿;Chod & Rudi(2002)、Tsay(2002)等也研究了基于报童模型的批发价合同。

回购合同,又称退货合同,主要有两种形式。一种规定销售期初经销商以批发价,从供应商处订购易逝品,销售期末经销商以低于批发价的价格把期末积压的产品退还给供应商;另一种规定销售期末经销商最大退货占其订货量的比例,退货价为批发价。回购合同在实际应用时不一定"真正退货",有时给予经销商相应补偿即可。研究显示,该合同能够协调供应链。研究回购合同的文献有Pastemack(1985),Padmanabhan & Png(1995,1997),Emmons & Gilbert(1998),Mantrala &Raman(1999), Mostard 等(2003)和姚忠(2003)等。

收益共享合同在音像租赁行业中十分常见,在该合同中,供应商以低于生产成本的批发价,将产品销售给零售商。在销售季末,零售商将收入(租金收入或销售收入)的一定比例期末返还给供应商。Cachon & Lariviere(2002b)对收益共享合同进行了全面的探讨,其他相关文献还包括 Dana & Spier(2001),Pastemack(1999),Gerchak & Wang(2000)等。

弹性数量合同规定订货的最大变动比率,供应商有义务满足合同规定的最高上限供应量,同时规定经销商最小购买量。Plambeck & Taylor(2003)研究了多个下游企业时的弹性数量合同。

期权弹性数量合同指经销商承诺在未来购买一定数量的产品,而且它还向供应商购买一个期权,这种期权允许经销商在未来按规定价格购买产品。通过期权经销商获得了调整未来订单的权利。Schuster 等(2002)对期权弹性数量合同进行了系统的研究。上述两合同多用在核心零部件供应商与制造商之间。

返利合同指供应商根据最终销量给予经销商一定的转移支付。返利合同有两种常见的形式:一种为线性返利合同,即供应商依据最终销量给予经销商一定比例的返利。另一种为增量返利合同,指当经销商最终销量超过一定数量时,供应商依据增量部分给予经销商一定比例的返点。Taylor(2002)探讨了返利合同在单个供应商和单个经销商构成的两级供应链中的作用,并对比了两种不同形式返利合同对供应链的协调作用。

数量折扣合同有很多形式。合同规定,供应商依经销商在期初的订购量大小给予不同的价格折扣。原则是订购量越大,价格越低。关于数量折扣的研究很多,如 Burnetas & Gilbert(2002)研究了供应商面对多个互不相互竞争经销商(地处不同地理区域的限制)的情形下,如何设计数量折扣合同的问题。此外 Wang(2002)研究了耐用品的数量折扣问题。

利润共享合同,Jeuland & Shugan(1983)最先提出利润共享合

同能够实现供应链协调,但没有设计出具体的合同。Caldentey &
Wein(1999)指出供应商分享经销商利润的一定比例可实现供应链
协调,但实践中确认经销商的利润水平成本太高,缺乏可操作性。
Li(2002)在其博士论文中系统完整地研究了利润共享合同。价格
折扣合同指批发价与经销商零售价有关,批发价是零售价的函数。
当函数为线性时称为线性价格折扣合同;当函数为非线性时称为非
线性价格折扣合同。

备货合同指供应商允许经销商销售期初只购买其订购量的一
定比例,余下部分根据市场情况决定。如果市场需求旺盛,经销商
可以按原定价格购买余下部分,否则经销商给予供应商一定比例的
补偿,实际上是一种期权。研究备货合同的经典文献是 Pasternack
(1985),Eppen & Iyer(1997)。

削价合同又称为价格保护合同,是更新类型合同。其主要目的
是避免经销商把过时的产品退还给供应商,而以一定价格削减来激励
经销商,让经销商继续保留并销售那些过时产品。削价合同在理论
界和实践中还存在争议的一类合同,在 PC 行业中十分常见,Lee &
Taylor(2000)对其进行了全面的研究。

生产能力预留合同在半导体行业十分常见,生产能力预留合同
的实质等同于备货合同和期权数量弹性合同,另外一种类似生产能
力预留的合同为提前购买合同。典型文献有 Ozer & Wei(2003),
Kleinknecht(2002),Bemstein & DeCroix(2002),Korpela & Heiko
(2002),Armony & Plambeek(2003),McCardle 等(2002),
Shumsky & Zhang(2003),Taylor & Plambeck(2003)和国内学者
马士华、胡剑阳和林勇(2004)等。值得注意的是上述合同也可用于
资本密集型产业的生产能力投资决策,最典型的为电力行业的发电
能力投资决策。

也可以根据模型背景的不同,对上述基于报童模型的供应链协
调文献进行几类,包括:基本报童模型、需求依赖于价格下的报童

模型、需求依赖于销售努力时的报童模型、两次补货机会时的报童模型、信息不对称下的报童模型等。此外,国内也有不少文献对这一问题进行了较为详述的分析和总结,如赵泉午(2004)等。

需要指出的是当前有关供应链协调的研究中,均假设企业以最大化货币利润为决策目标,而大量的实证及实验研究均表明,很多时候供应链中的企业对收益分配的公平性也有较多的关注。Cui 等(2007)首次将供应链上企业对收益分配公平性(fainess)的关注引入模型分析,研究了不公平规避(inequity averse)的交易双方的定价问题。结论表明,单纯的批发价格合同也可以协调供应链,进而从另一个角度解释了为何批发价格合同在实践中得到了大量的应用。

供应链协调是供应链管理研究的核心内容,也是供应链管理的研究热点,学术界在这一领域倾注了大量的热情,取得了丰富的研究成果。值得进一步的研究的方向有四个方面。

(1)确定性需求下易腐品的供应链协作控制问题研究:目前,对确定性需求下的供应链协作控制问题的研究,往往假设产品不存在腐烂特性。而实际生活中,易腐物品普遍存在,此外,一般物品可以视为易腐品在腐烂率为零时的特例,因此对易腐品供应链库存协作问题的研究将能扩展理论研究的范围。

(2)双边信息不对称时的供应链协调问题研究:供应链协调问题的研究大多假设供应链上的各方均拥有完全的信息,实际上信息不对称普遍存在,尤其是在新兴行业以及经营环境迅速变化的行业中。目前已有文献对单边信息不对称时的数量折扣合同进行研究,但是学术界还未曾关注双边信息不对称时的供应链协作问题。

(3)网状结构供应链的协调控制问题研究:实践中,供应链一般呈网状结构,即上下游企业均有多个,因此称之为供应网络更为恰当。而当前的研究多以单个供应商和单个分销商组成的两级供应链为研究对象。因此,借鉴拍卖理论,分析多个供应商和多个分销商组成的供应链的协作问题,也是值得进一步研究的方向。

(4) 有关供应链协作问题的实证研究:当前有关供应链协调问题的研究已经取得了较多的结论,但缺少实证研究对模型分析的相关结论进行检验。尤其需要对中国国内的企业在供应链管理方面的现状及特点进行实证研究。

2.4　其他相关文献综述

此外,有关供应链金融问题的研究和库存实证问题研究也与本书密切相关。供应链金融涉及金融和运营管理两个学科是新兴的交叉研究领域,主要的研究问题包括供应链中的融资问题和风险控制问题。而有关企业库存管理的实证研究则是近些年来学术界研究的热点,这些研究涉及计量分析和实验研究。

1. 供应链金融问题研究

在金融与运营管理的交叉研究中,融资问题和风险控制问题是研究的主要内容。在融资问题上,学术界目前已经对资金约束对企业生产能力设定、库存决策以及销售模式给出了分析,指出资金约束以及外部的融资能力对企业运营管理的影响。

Farris & Hutchison(2002)指出了应以资金转化周期(Cash-to-cash)作为衡量供应链绩效的重要指标,并给出了计算资金转化周期的公式。该文对供应链中资金流的关注具有重要的理论和实践指导意义。

Buzacott & Zhang(2004)指出传统的生产与库存模型忽略了企业的财务状况,因此给出的最优生产库存政策往往难以付诸实施。因此,该文不再将资金约束视为外生的变量,而是将企业在各期的现金视为其资产和负债的函数,文章首次将融资问题与库存和生产问题联合起来进行研究。

Lai 等(2008)研究了资金约束条件下的供应链库存风险的分担问题,论文分析了供应链上下游企业的资金约束对供应商最优的供货模式的影响,说明了正常销售、"寄售"以及两者混合销售模式的适用范围。Lederer & Singhal(1994)研究了财务决策对企业制造技术选择的影响。Boyabatli & Toktay(2006)则分析了存在外部融资机会时,技术选择和产能(capacity)决策模型。Babich 等(2006)分析了当制造商可以从其供应商处通过商业信用而获得融资时,制造商最优的采购批量和最优的供应商数目。Babich(2007)进一步研究了当制造商的财务状况较其供应商更好时,制造商是否应该向面临破产的供应商提供补助。Xu & Birge(2004)指出了当企业面临由于需求不确定而导致的破产风险时,资金不足但是可以通过外部渠道融资的企业有可能降低库存投资。Xu & Birge(2006)进一步的研究了市场需求不确定时最优的生产与财务决策。

而在运营管理的风险控制方面,主要的研究内容是分析如何规避汇率风险,学术界提出了运营对冲的概念(operational hedging)。这方面的研究包括:Huchzermeier & Cohen(1996)研究了在汇率波动条件下,运营灵活性的价值。在全球化背景下,该文给出了如何设置供应链网络以规避汇率风险,实现企业期望的税后利润最大化。Allayannis 等(2001)实证分析了运营对冲(operational hedge)对于规避汇率等财务风险的作用,文章的结论表明,单独的运营对冲并不是企业规避财务风险的有效手段,而且只有当运营对冲与其他金融手段配合使用时,才能对企业股东有影响。Kazaz 等(2005)研究了汇率风险条件下的全球生产计划,提出了两种运营对冲方法:生产对冲(production hedging)和分配对冲(allocating hedging)。

供应链中的金融问题在国内学术界得到了更加具有针对性的研究,"存货质押融资""融通仓""物流金融"等实践得到了学术界和实务界的广泛关注。

罗齐等(2002)较早提出了融通仓的概念。陈祥锋等(2005)系统介绍了融通仓的概念、运作模式以及应用。而学术界对存货质押融资业务进行了较多的理论分析,朱文贵等(2007)分析了基于延迟支付的存货融资质押业务中的服务定价问题;而李毅学等(2007a, 2007b)则集中研究了存货融资业务中的质押率问题,给出了价格随机波动时,存货融资的最优质押率。于萍等(2007)则分析了质押融资业务中,信贷人存货质押贷款中最优质物甄别合同问题。

2. 库存实证问题研究

长期以来,受数据可得性的限制,学术界在研究库存问题时多以定量的数学模型为分析工具,规范性地给出最优的库存决策,而缺少实证以检验相关的结论。近些年来,学术界开始反思上述研究方法的不足,并积极地引入计量分析的方法研究企业库存水平的影响因素、库存管理水平与企业绩效间的关系,此外学术界也引入了实验经济学的方法检验决策者的行为因素对库存决策的影响。这些通过收集大量的数据或者案例而分析库存管理问题的文献更加贴近实践,结论更可靠。目前,以实证的方法分析企业库存管理问题也是当前学术研究的新兴领域,而且以国外文献为主,研究的样本多为国外企业,而对国内企业的库存管理现状及特点进行的研究较少。

根据研究主题的不同,当前有关库存的实证研究分类:① 影响企业库存决策的主要因素;② 企业库存管理水平与企业绩效间关系;③ 人的行为因素对库存决策的影响。

第一类的实证研究以传统的库存模型给出的结论为依据建立假设,随后选取适当的样本验证检验假设的真实性。在这些研究中,Lieberman 等(1999)研究了大规模汽车零部件制造企业的库存管理,发现其库存管理与经典库存管理理论基本吻合,但美国和日本的汽车零部件制造企业库存水平没有显著差异,与前人结论截然相反;Gaur 等(2005a)利用美国上市公司的数据分析了,影响零售商型企业库存水平的因素,结论表明企业的年库存周转率与毛利率负相关,而与资本密度(capital indensity)和未预料的销售(sale surprise)正相关;Gaur 等(2005b)分析了美国零售企业的规模和销

售增长率对企业库存周转率的影响；Rumyantsev & Netessine
(2007)发现相对库存水平和平均需求呈正相关关系、与需求的不确
定性呈正相关关系，与提前期呈正相关关系，与毛利率呈正相关关
系，与库存持有成本呈负相关关系；销售规模越大的公司，相对库存
水平越低，但库存水平与销售规模不存在 EOQ 模型所得出的平方
根关系。

　　类似的文献还包括：Lieberman & Asaba(1997)对比研究美国
和日本汽车制造行业库存减少与生产率的关系，指出美日两国的数
据均支持库存水平下降和生产率提高呈正相关关系。Lieberman
& Demeester(1999)采用 52 家日本汽车制造商研究了库存水平和
生产率的关系，得到与 Lieberman & Asaba(1997)相似的结论；
Humphreys(2001) 研究了生产制造技术对库存水平的影响；
Rajagopalan & Malhotra(2001)考察了美国企业 1961～1994 年间
原材料、在制品和产成品库存水平的变化趋势；Cachon & Olivares
(2006)研究了影响汽车装配商产成品库存水平的驱动因素。

　　第二类研究侧重于分析企业的库存管理水平与公司绩效间的
关系。理论上，库存管理水平较高的公司应该具有较高的资产收益
率，而这些理论预测也得到了实证检验的支持。Chen 等(2005)考
察了美国制造业上市公司 1981—2000 年间库存水平的变化，发现
平均库存天数从 96 天降为 81 天，平均每年降低 2%；拥有过量库存
的企业其长期投资回报率最低，库存天数略微低于平均库存天数的
公司长期投资回报率最高；Chen 等(2007)则分析了 1981—2004 年
间美国零售和批发行业的库存水平的变化情况，研究发现，美国批
发商(wholesale)的库存天数的中位数从 73 天降到了 49 天，而零售
商的库存水平从 1995 年才开始出现明显的下降。同时，研究还发
现较高库存水平的企业其股票的长期表现较差；Rumyantsev &
Netessine(2005)的研究表明控制了行业和公司本身因素后采用响
应式库存管理方法的公司绩效出众；库存水平对销售额、提前期和

销售不确定性等变动响应快的公司往往获得较高的总资产回报率（ROA），同时销售变动大、提前期长的公司盈利能力较低；但精益库存管理与企业绩效之间没有相关关系。赵泉午等（2008）则分析了企业实施 ERP 系统后，其库存水平的变化。

第三类文献以实验的方法获得数据，进而检验人的行为因素对库存决策的影响，这类研究是近年来研究的热点，也是未来研究的主要发展方向。Schweitzer & Cachon（2000）第一次以实验的方法分析了报童模型（Newsboy）问题，实验的结果表明，对于高利率的产品而言，实际的订货量要低于理论上最优的订货量；而对于低利率的产品，实际的订货量要高于理论上最优的订货量。这一结果并不能为"风险规避""风险偏好""损失规避""避免浪费"等行为倾向所解释，而行为经济学中的"预期理论（prospect theory）"也仅仅解释部分数据。最终，该文献将可能的原因解释为"锚定（anchoring）"和"非充分调整"即实验者（subjects）过多关注实验最初时的平均需求，而未能及时调整预测，说明实验者的未能从经验中学习。Ben-Zion 等（2007）通过改变需求分布的类型而进一步地支持了上述结论；Bolton & Katok（2008）也通过实验的方法对这一问题进行了分析，结论说明企业的组织经验和反馈将对企业是否确定最优的采购批量具有重要影响。

第 3 章　商业信用给定时信用风险对供应链协调的影响

3.1　引言

随着企业间的竞争让位于供应链间的竞争,供应链管理也取代了传统的企业管理,成为当前最为流行的管理思想。供应链管理区别于传统的企业管理的核心在于供应链管理需要对多个具有不同目标的企业进行管理,这其中如何协调各个成员间的利益进而实现整个供应链的优化就成为供应链管理不同于传统的企业管理的最主要方面。因此,供应链协调就成为供应链管理最为核心的内容,也是供应链管理的精髓所在。

作为供应链管理研究的热点,供应链协调问题得到了学术界的广泛关注,相关的研究成果不可胜数,参见 Cachon(2003)的详细综述。已有的研究多以报童模型为基础,研究各种实践背景下如何设置供应链合同以协调供应链各企业的行为,进而实现供应链的协调和优化。尽管研究背景千差万别,但是这些研究却具有一个共同的结论:在分散决策的供应链中,下游企业的采购量往往低于系统最优的采购批量,即存在"双边际效用"(double marginalization),因此上游企业需要采用各种措施激励下游企业增加采购批量,以实现供应链的协调和各方利润的增加。提升购货企业的采购批量也因此成为供应商进行供应链管理应当关注的核心问题。

　　然而实践中,有些案例却并不如此。供应商断供现象时有发生,尤其是当零售企业面临较大的财务风险时,供应商常常会拒绝发货,或者发货量低于零售商所要采购的批量。如2008年当国美董事局主席黄光裕因经济问题被检查机关拘留和调查时,便有报道说部分家电制造商开始暂停发货。2008年11月美国第二大消费电子零售商电路城(circuit city)由于销售不畅以及公司流动资金短缺而申请破产,其各大供应商成为主要债主:惠普(1.182亿美元),三星(1.159亿美元),索尼(6 000万美元)以及中国供应商联想。实际上在该公司申请破产前,索尼公司就开始拒绝发货。这些案例表明,零售商的破产风险是供应商在发货时必须考虑的因素,鼓励零售商增加采购批量并非总是供应商的最佳选择。这一实践与上述理论分析相悖的原因在于,目前有关供应链协调的研究多不考虑实践中普遍存在的商业信用及其带来的信用风险。

　　在商业信用政策下,制造商往往在交付货物后较长时间后方能收到货款,下游购货企业的信用风险使得制造商面临着难以收回全额货款的可能。此时鼓励下游企业增加订货量并不总是上游企业的最优决策。尤其是当下游企业存在较高的支付风险,而且需求波动性较大,下游企业容易出现库存大量积压时,较小的采购批量往往能够降低库存积压导致的支付风险,此时降低下游企业采购批量也因此成为制造商的最优决策。

　　本章即以实践中普遍存在的信用交易为背景,分析说明给定商业信用政策时增加下游企业的采购量并非总是供应商的最优决策,并研究下游购货企业的支付风险与上游供应商的最优发货策略间的关系。具体而言,本章首先通过简单的报童模型分析当商业信用政策给定时,供应商如何确定最优的发货数量,随后将这一模型扩展到多个零售商以及考虑风险厌恶的供应商的最优发货策略。随后说明供应商的发货策略对供应链协调的影响,阐明商业信用的风险对供应链协调的阻碍,最后给出控制商业信用风险进而协调供应链的应对策略。

3.2　信用风险下商业信用对供应链协调的影响

在基本模型中,考虑单个零售商和单个制造商构成的二级供应链,假设零售商以报童模型确定最优的采购批量,各方的决策顺序如图 3-1 所示。

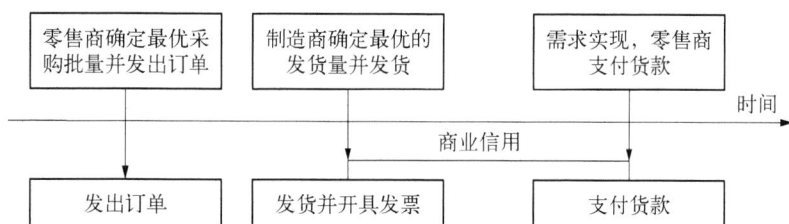

图 3-1　决策顺序

在该模型中,存在一个时间长度有限的销售期,销售期内的需求为随机变量,其先验的分布函数及概率密度函数分别为 $F(x)$,$f(x)$,销售期结束后,尚未出售的产品以残值 s 处理。产品的零售价格、批发价格和生产成本分布为 p、w 和 c。假设零售商的最优采购批量为 q_r,而制造商期望分配给零售商的最优批量为 q_m,最后实际的采购量为 $\text{Min}\{q_r, q_m\}$,即制造商分配给零售商的采购批量不能大于零售商的采购批量,主要符号及含义如表 3-1 所示。

表 3-1　符号及其含义

符 号	含 义	符 号	含 义
D	产品需求	c	生产成本
w	产品生产成本	q	采购批量
p	产品零售价格	$F(\cdot)$, $f(\cdot)$	需求的分布及密度函数
s	产品期末残值	$\pi(\cdot)$	各方利润函数

3.2.1　不考虑商业信用时的供应链协调问题

不考虑商业信用政策时,由经典报童模型可得零售商的利润函数为

$$\pi_{\mathrm{r}}(q) = p\,\mathrm{Min}(D,\,q) + s\,\mathrm{Max}(q-D,\,0) - wq \quad (3-1)$$

等式右边三项分别为零售商的销售收入、期末剩余库存的残值和零售商采购成本。对上式求期望可得:

$$E[\pi_{\mathrm{r}}(q)] = (p-w)q + (s-p)\int_0^q F(x)\mathrm{d}x \quad (3-2)$$

则零售商的最优采购批量为如下最优化问题的解:

$$\mathop{\mathrm{Max}}\limits_{q} E[\pi_{\mathrm{r}}(q)] = (p-w)q + (s-p)\int_0^q F(x)\mathrm{d}x \quad (3-3)$$

对上式求最优化可得零售商的最优采购批量为

$$q_{\mathrm{r}} = F^{-1}\left(\frac{p-w}{p-s}\right) \quad (3-4)$$

对于制造商而言,其利润为 $\pi_{\mathrm{m}}(q) = (w-c)q$,因此其最优的发货量应为尽可能高的量。

而供应链整体的总利润为

$$\pi_{\mathrm{r}}(q) = p\,\mathrm{Min}(D,\,q) + s\,\mathrm{Max}(q-D,\,0) - cq \quad (3-5)$$

对应最优的采购量为

$$q_{\mathrm{s}} = F^{-1}\left(\frac{p-c}{p-s}\right) \quad (3-6)$$

容易证明 $q_{\mathrm{r}} < q_{\mathrm{s}}$,即零售商的采购量低于系统最优的采购量,说明在分散决策的供应链中,零售商以自身利润最大化为目标,其采购行为不能取得系统的最优。为解决这一局部最优同整体最优间的矛盾,学术界给出了众多的合同机制,如数量折扣、返利、利润分享、回购等,以激励零售商增加采购量。

3.2.2　给定商业信用时供应商的库存决策

然而上述研究忽略了商业信用以及制造商面临的信用风险。实践中信用交易普遍存在,制造商往往在交易完成后的相当长时间内才能收到货款。而由于各种原因导致货款难以收回的现象也较为常见,尤其是当产品需求较低导致零售商库存大量积压时,零售商丧失支付能力的情况更为严重。在这一背景下,为避免需求的波动造成的信用风险,制造商分配给零售商的最优数量可能低于零售商最优的采购量,此时制造商则会采取措施激励零售商降低采购量,而非增加采购量。

假设零售商在收到货物 T 天后交付货款,而且当零售商的销售收入及剩余库存产品的价值大于应支付给制造商的货款时,即当零售商"不差钱"时,零售商不会违约,否则零售商以 α 的概率违约,违约概率满足 $0 \leqslant \alpha \leqslant 1$,当 $\alpha = 0$ 时,零售商不违约,此时零售商尽管"赔钱"但是零售商会自己担负这一损失。因此,这里的违约概率 α 本质上是条件概率,即当零售商在该产品的经营中出现"亏损"时,零售商违约的概率。

在这里,我们假设当零售商的销售收入与期末剩余库存的残值之和大于应支付的货款时,零售商将不会违约。需要指出的是,这一种假设实际上是低估了商业信用的风险,换而言之,即使零售商的收入大于应支付的货款时仍有可能拒绝支付货款,即发生恶意违约。然而,若在被低估的风险假设下,制造商仍然会降低零售商的采购批量,那么当存在恶意违约风险时,制造商更有可能降低发货量。因此,本书的假设并不会影响结论的可靠性。

在上述信用风险假设下,当需求满足:

$$pD + s(q - D) \leqslant wq \tag{3-7}$$

即 $D \leqslant \dfrac{w - s}{p - s} q$ 时,已销售产品收入与未售出产品的残值之和低于零售商应付的货款,此时制造商以 α 的概率损失产品销售收入与残值之外的货款。上式假设需求为 D 而非 $\mathrm{Min}(D, q)$ 的原因在于,当最终的销售为 q 时零售商不存在产品积压问题,其不会违约,因此这种情况无需考虑。

因此,在信用风险条件下制造商的利润函数为

$$\pi_m(q) = \begin{cases} \alpha[pD + s(q-D)] + (1-\alpha)wq - cq & \text{若 } D \leqslant \dfrac{w-s}{p-s}q \\ (w-c)q & \text{其他} \end{cases}$$

$$(3-8)$$

在上式中,假设当零售商违约时,制造商可以获得零售商的销售收入和期末产品的残值。需要指出的是,这种假设高估了制造商的收益,实际上当零售商违约时,制造商有可能损失所有的货款。然而,与上文的风险假设类似,若在本书的假设下,制造商仍然选择不满足零售商的订购量,那么当制造商的收益更低时,制造商更加不会满足零售商的订单。

1. 风险中性制造商的库存决策

令 $M = \dfrac{w-s}{p-s}q$,则制造商的期望利润为

$$\begin{aligned} E[\pi_{\mathrm{m}}(q)] = &\int_0^M \{[px - s(q-x) - cq]\alpha \\ &+ (1-\alpha)(w-c)q\} f(x)\mathrm{d}x \\ &+ \int_M^\infty (w-c)qf(x)\mathrm{d}x \end{aligned} \qquad (3-9)$$

进一步简化为

$$E[\pi_{\mathrm{m}}(q)] = (w-c)q - \int_0^M (p-s)\alpha F(x)\mathrm{d}x \qquad (3-10)$$

上式右边的第二项即为由于违约风险存在而导致的制造商期望损

失。由于 $\dfrac{\partial^2 E(\pi_{\mathrm{m}})}{\partial q^2} = -f(M)\dfrac{\alpha(w-s)^2}{p-s} < 0$，所以目标函数为采购批量 q 的凹函数。

因此，令 $\dfrac{\partial E(\pi_{\mathrm{m}})}{\partial q} = w - c - \alpha(w-s)F\left(\dfrac{w-s}{p-s}q\right) = 0$ 即可得制造商最优的库存分配量：

$$q_{\mathrm{m}} = \frac{p-s}{w-s}F^{-1}\left(\frac{w-c}{\alpha(w-s)}\right) \tag{3-11}$$

这里假设 $\dfrac{w-c}{\alpha(w-s)} \leqslant 1$，否则 $\dfrac{\partial E(\pi_{\mathrm{m}})}{\partial q} > 0$，即制造商最优的库存分配量为尽可能大的量，此时该问题等同于不考虑信用风险时的库存决策问题。条件 $\dfrac{w-c}{\alpha(w-s)} \leqslant 1$ 的实践含义为零售商的违约风险大于一定值时，才有必要考虑信用风险，本章的数值算例进一步验证了该结论。

此外，由于制造商分配给零售商的库存量不可能大于零售商的采购量，因此制造商最优的库存分配量为：$q_{\mathrm{m}}^* = \mathrm{Min}\{q_{\mathrm{r}},\ q_{\mathrm{m}}\}$。据此有：

命题 3-1：当零售商存在信用风险时，制造商最优的库存分配量为 $q_{\mathrm{m}}^* = \mathrm{Min}\{q_{\mathrm{r}},\ q_{\mathrm{m}}\}$，式中 $q_{\mathrm{r}} = F^{-1}\left(\dfrac{p-w}{p-s}\right)$，$q_{\mathrm{m}} = \dfrac{p-s}{w-s}F^{-1}\left(\dfrac{w-c}{\alpha(w-s)}\right)$。

2. 多零售商背景下风险中性制造商的库存决策

实践中，单个零售商的情形较为少见，制造商往往向多个不同的零售商供货。假设单个制造商向 n 个相互独立的零售商供货，假设零售商 i 的需求密度函数为 $F_i(x)$，其违约的概率为 α_i，从制造商处获得的产品数量为 q_i。则此时，制造商向每一个零售商的发货量为下述最优化问题的解：

$$\underset{q_i}{\operatorname{Max}} E(\pi_{\mathrm{m}}) = \sum_{i=1}^{n} (w-c)q_i - \sum_{i=1}^{n} (p-s) \int_0^{M_i} \alpha_i F_i(x) \mathrm{d}x$$

$$(3-12)$$

$$s.t. \sum_{i=1}^{n} q_i \leqslant Q \qquad (3-13)$$

目标函数的第一项为期望的收入之和，第二项为期望损失的总和。约束条件表明，制造商向 n 个零售商的发货量应低于其生产批量 Q，当 Q 较大时，这一约束条件即无需考虑，优化问题即转化为无约束的最优化问题。

为求解上述约束最优化问题，构造如下的拉格朗日函数：

$$L(q_i, \lambda) = \sum_{i=1}^{n} (w-c)q_i - \sum_{i=1}^{n} (p-s) \int_0^{M_i} \alpha_i F_i(x) \mathrm{d}x$$
$$+ \lambda \left(Q - \sum_{i=1}^{n} q_i \right) \qquad (3-14)$$

进而可得该优化问题的 K-T 条件与约束条件：

$$\begin{cases} w - c - \alpha_i(w-s)F_i(M_i) + \lambda = 0, \quad i = 1, \cdots, n \\ \lambda \left(\sum_{i=1}^{n} q_i - Q \right) = 0 \\ Q - \sum_{i=1}^{n} q_i \geqslant 0 \\ \lambda \geqslant 0 \end{cases}$$

$$(3-15)$$

求解上述方程组可得如下结果：

（1）当 $\lambda = 0$，则制造商不存在容量的约束，其生产能力可以满足所有零售商的订单需求。此时的最优发货量为 $q_i = \dfrac{p-s}{w-s}$

$F_i^{-1}\left(\dfrac{w-c}{\alpha_i(w-s)}\right)$，相关参数满足约束条件：$\displaystyle\sum_{i=1}^{n}\dfrac{p-s}{w-s}F_i^{-1}\left(\dfrac{w-c}{\alpha_i(w-s)}\right)$
$\leqslant Q$。

（2）当 $\lambda > 0$，则制造商可用于分配的库存量存在限制，制造商在进行最优决策时必须考虑该约束条件。此时制造商的最优分配量为：$q_i = \dfrac{p-s}{w-s}F_i^{-1}\left(\dfrac{w-c-\lambda}{\alpha_i(w-s)}\right)$，其中 λ 满足 $\displaystyle\sum_{i=1}^{n}\dfrac{p-s}{w-s}$
$F_i^{-1}\left(\dfrac{w-c-\lambda}{\alpha_i(w-s)}\right) = Q$。

上述结论表明，当不存在容量限制时，多个独立零售商的情形与单个零售商的情形类似，等同于考虑 n 次单个零售商的情形。上述结论也表明，当制造商向多个零售商供货时，也存在着制造商向零售商的发货量小于零售商采购量的情形，此时供应链未能实现协调。

3. 风险规避的制造商的库存决策

在实践中，风险中性即期望收益最大化往往并不能解释企业的行为，企业大多是风险规避的决策者。在同样的期望收益下，企业更多地会选择期方差更小的决策。因此，在分析制造商的最优决策时，必须考虑其对风险的态度。在这方面，Markowitz(1952)提出的均值-方差(Mean - Variance)模型是应用最多的用来权衡收益与风险的工具。在金融学领域，以此模型为基础衍生出了著名的资本资产定价模型，即 CAPM 模型。近年来，这一模型在运营管理领域得到了较多的应用，Chen & Fedegrouen(2000)采用该方法分析了经典的报童模型和一些标准的无限时域的库存模型，结论表明此时的库存订货量要低于风险中性时的订货量；Martínez-de-Albéniz & Simchi-Levi(2000)利用均值-方差模型分析了供应商的长期采购合同选择问题。

参照上述文献，假设风险厌恶的制造商的效用函数为：

$$U(\pi) = E(\pi) - \delta V(\pi) \qquad (3-16)$$

式中,$V(\pi)$ 为制造商利润的方差;$\delta \geqslant 0$ 表示制造商对风险的规避程度;δ 越大说明制造商风险规避程度越高,当 $\delta = 0$ 时,制造商即为风险中性的决策者。

制造商利润的方差,可求解如下:

$$V(\pi) = E(\pi - E(\pi))^2 = E(\pi^2) - [E(\pi)]^2 \qquad (3-17)$$

令 $A = (w-c)q$;$B = (p-s)\alpha$;$H = [(s-c)\alpha + (1-\alpha)(w-c)]q$。则有

$$\pi_m^2(q) = \begin{cases} A^2 & 若 D > M \\ B^2 D^2 + H^2 + 2HBD & 其他 \end{cases} \qquad (3-18)$$

进而可得:

$$E(\pi^2) = A^2 - 2B^2 \int_0^M F(x)x\,dx - 2BH \int_0^M F(x)\,\mathrm{d}x \qquad (3-19)$$

$$[E(\pi)]^2 = A^2 - 2AB \int_0^M F(x)\,dx + B^2 \left(\int_0^M AF(x)\,\mathrm{d}x \right)^2 \qquad (3-20)$$

则制造商利润的方差为

$$
\begin{aligned}
V(\pi) = {} & 2(p-s)(w-s)\alpha^2 q \int_0^M F(x)\,\mathrm{d}x \\
& - 2(p-s)^2 \alpha^2 \int_0^M F(x)x\,\mathrm{d}x \\
& - (p-s)^2 \alpha^2 \left[\int_0^M F(x)\,\mathrm{d}x \right]^2
\end{aligned}
\qquad (3-21)
$$

$V(\pi)$ 对 q 求导可得:

$$\frac{\partial V}{\partial q} = 2(p-s)(w-s)\alpha^2 [1 - F(M)] \int_0^M F(x)\,\mathrm{d}x > 0 \qquad (3-22)$$

所以制造商利润的方差为采购量 q 的增函数。

为求得期望效用最大化,制造商必须同时考虑其利润的期望值和方差。这里定义采购批量 q 是被占优(dominated)的,当且仅当存在 q' 满足 $E[\pi(q')] \geqslant E[\pi(q)]$, $V[\pi(q')] \leqslant V[\pi(q)]$,且两个不等式必须有一个为严格不等式,显然如果 q 是被占优的,则其不能实现效用的最大化。在本章中,当 $q \in [0, q_m^*]$ 时 $E(\pi)$, $V(\pi)$ 均增加,因此没有 q 是被占优的,而在区间 $[q_m^*, \infty)$ 内,$E(\pi)$ 为减小,而 $V(\pi)$ 增加,因此期望效用也减小,q 均被占优。据此有:

命题 3 - 2:当以均值方差模型为决策分析工具时,制造商期望效用最大化的库存分配量低于期望利润最大化时的库存分配量 q_m^*。

如图 3 - 2 所示,每个质押率对应效率前沿(efficient frontier)曲线上的一个点,最优的质押率取值为直线与均值-方差的无差异曲线相切处的值。

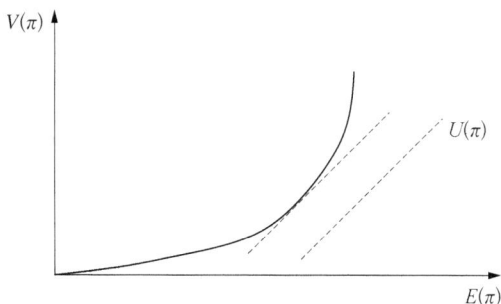

图 3 - 2　制造商的无差异曲线

制造商的效用函数为

$$U(\pi) = (w-c)q - \alpha(p-s)[1+2\delta(w-s)\alpha q]\int_0^M F(x)\mathrm{d}x$$

$$+ 2\delta(p-s)^2\alpha^2\int_0^M F(x)x\mathrm{d}x + \delta(p-s)^2\alpha^2\left[\int_0^M F(x)\mathrm{d}x\right]^2$$

上述期望效用的表达形式较为复杂,难以确定其凹凸性。在具体求解最优库存分配量时,考虑到采购批量的取值范围为$[0, q_m^*]$,因此可以一维搜索的方法求得最优的库存分配量。

上述命题的结论表明,当制造商为风险规避的决策主体时,制造商更有可能降低零售商的采购批量,而此时的供应链也未能实现协调。

3.2.3　信用风险对供应链协调的影响作用分析

商业信用所具有的信用风险对供应链的协调有着重要的影响,这一影响主要体现在制造商的库存决策方面,即信用风险的存在可能导致制造商的发货量低于零售商的最优的采购批量,或者低于供应链最优的采购批量,进而阻碍了供应链的协调。

在不考虑商业信用时,零售商由于承担了需求波动的全部风险,因此其采购的批量会低于供应链最优的采购批量,而当存在商业信用及其风险时,这一需求波动导致的风险将会部分或者全部的转移给制造商,此时制造商的最优发货量将不再是尽可能的大。

1. 理论分析

比较q_m与q_r、q_s的关系,可以得出三种可能的结果。

(1) $q_m \leqslant q_r < q_s$,此时制造商期望的最优采购批量小于零售商最优的采购批量,也即制造商最优的发货量低于零售商的订购量。说明制造商的最优决策并非增加零售商的采购批量,而是设法降低发货量,此时的供应链显然不能取得协调。这一结果多发生在当零售商的违约风险较高以及需求波动性较大的情形下。

(2) $q_r \leqslant q_m < q_s$,此时制造商期望的最优采购批量大于零售商最优的采购批量,但是仍然低于供应链整体最优的采购批量,说明制造商会设法激励零售商增加采购批量,但并不要求其增加到整个供应链最优的采购量,此时的供应链也未能实现最优。

(3) $q_r < q_s \leqslant q_m$,这种情况下,尽管存在着一定的风险,制造

商仍然希望零售商增加采购批量,而且增加后的批量大于供应链最优的采购批量。这种情形发生在零售商的风险较小或者需求波动性较小或者制造商的毛利率较高的情形下。此时供应链与以往的不考虑信用风险时的供应链协调类似,供应链能够取得协调。

下文的数值算例说明,上述三种结果均有可能发生(见图 3-3),上述结论的含义在于,当存在商业信用及支付风险时,制造商可能会缺乏协调供应链的动机,供应链的协调和最优难以实现。因此,为实现供应链的协调和优化,买卖双方不仅需要共享相关的信息,即对信息流进行优化,还需要对资金支付做出有效的安排。

2. 数值分析

不妨设需求 D 在 $[0,1]$ 区间上服从均匀分布,则其分布函数和概率密度函数分别为 $F(x) = x$, $f(x) = 1$,则有 $q_r = \dfrac{p-w}{p-s}$, $q_m = \dfrac{(p-s)(w-c)}{\alpha(w-s)^2}$,即 $q_m^* = \text{Min} \left\{ \dfrac{p-w}{p-s}, \dfrac{(p-s)(w-c)}{\alpha(w-s)^2} \right\}$ 。

根据均值方差模型(M-V)模型给出的制造商效用函数为

$$U(\pi) = (w-c)q - \frac{\alpha(w-s)^2 q^2}{2(p-s)}$$

$$- \frac{\delta \alpha^2 (w-s)^3 q^3}{3(p-s)} + \frac{\delta \alpha^2 (w-s)^2 q^4}{4(p-s)^2}$$

考虑最优的分配量处于区间 $[0, q_m^*]$ 内,因此可以通过一维搜索的方法求得最优解。

当制造商面临多个零售商时,假设存在两个零售商,且需求均为均匀分布,分布函数分别为: $F_1(x) = x$, $F_2(x) = \dfrac{x}{2}$,则此时最优的库存分配批量为(存在容量限制) $q_1 = \dfrac{2\alpha_2 Q}{\alpha_1 + 2\alpha_2}$; $q_2 = \dfrac{\alpha_1 Q}{\alpha_1 + 2\alpha_2}$,或者

$$q_1 = \frac{(p-s)(w-c)}{\alpha_1(w-s)^2}; \quad q_2 = \frac{(p-s)(w-c)}{2\alpha_2(w-s)^2}。$$

进一步给各参数赋值如下：$p=100$；$w=80$；$c=70$；$s=20$；$\delta=0.1$；$\alpha_2=0.8$，当存在 2 个零售商时，取容量约束时的容量 Q，为无约束时库存分配量总和的 0.8 倍，即取 $Q=0.8(q_1+q_2)$。则当零售商的违约率变化时，不同背景下的库存批量分配如表 3 - 2 所示：

表 3 - 2 库存分配量在不同违约率时的取值

参数取值	单 产 品				多 产 品			
	风险中性时			M - V	无约束时		约 束 时	
α	q_r	q_m	q_m^*	q_m^*	q_1	q_2	q_1	q_2
0.5	0.200	0.313	0.200	0.195	0.200	0.098	0.181	0.057
0.6	0.200	0.260	0.200	0.16	0.200	0.098	0.173	0.065
0.7	0.200	0.223	0.200	0.135	0.200	0.098	0.166	0.072
0.8	0.200	0.195	0.195	0.120	0.195	0.098	0.159	0.079
0.9	0.200	0.174	0.174	0.105	0.174	0.098	0.152	0.086
1	0.200	0.156	0.156	0.095	0.156	0.098	0.147	0.092

由表 3 - 2 可以看出：① 在单个零售商背景下，对于风险中性的制造商而言，只有当零售商的违约率较高时（>0.8），制造商最优的库存分配量才小于零售商要求的采购量，而当制造商根据均值-方差模型进行决策时，即使在零售商的违约率较低时最优的库存分配量仍然低于零售商要求的采购量。② 在多个零售商背景下，若存在容量约束，则零售商 1 得到的库存分配量会降低而对零售商 2 的库存分配量会增加，而无容量约束时零售商 2 的库存分配量保持不变。

在表 3 - 2 单产品背景下，风险中性及风险规避时的各采购批量随零售商违约风险降低时的取值可绘制出如图 3 - 3 所示的结果。

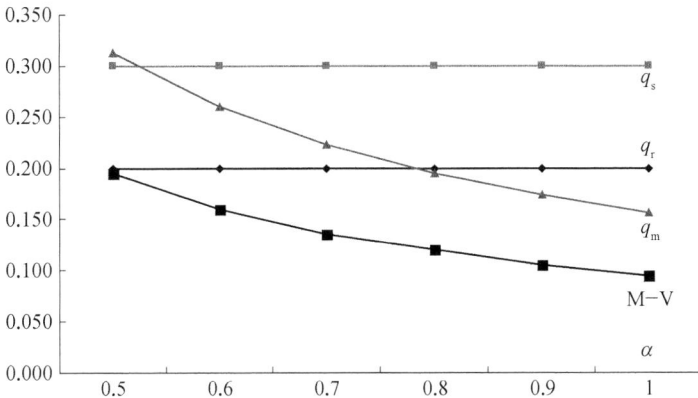

图 3 - 3　不同违约率下各方的最优订货批量

由图 3 - 3 可以看出,不考虑商业信用及其风险时,零售商的最优采购批量 q_r 小于供应链最优的采购批量 q_s。当考虑商业信用及其风险时,制造商的最优发货量存在三种可能的情况:① 当 α 较大时($\alpha \geqslant 0.8$),即零售商"赔钱"时的违约风险较高时,制造商的发货量低于零售商的最优采购批量,这种情况说明了鼓励零售商增加采购批量并非总是制造商的最优决策;② 当 α 较小时($\alpha \leqslant 0.5$),即零售商"赔钱"时的违约风险较低时,制造商希望零售商的采购量高于供应链最优的采购量,即 $q_r > q_s$,此时的结论与以往的不考虑商业信用的结论类似,制造商最终会通过各种方法鼓励零售商采购供应链最优的批量;③ 当 α 的取值居中时($0.5 \leqslant \alpha \leqslant 0.8$),制造商仍然期望零售商增加采购批量,但是增加后的采购批量应小于供应链最优的批量。

此外,当制造商为风险厌恶的决策者时,其最优的发货量低于当其为风险中性时的取值,说明此时制造商更有可能降低零售商的采购批量,而非激励零售商增加采购批量。

为分析需求的波动性对最优库存分配政策的影响,本部分假设终端需求为正态分布。表 3 - 3 给出了不同的需求期望和方差时,制造商及零售商的最优决策。

表 3 - 3 需求波动性对最优库存分配政策的影响

参 数 取 值				最优库存分配量		
均值	标准差	变差系数	α	q_r	q_m	q_m^*
10	8	0.8	0.7	4.604	5.734	4.604
10	8	0.8	0.8	4.604	4.670	4.604
10	8	0.8	0.9	4.604	3.778	3.778
10	8	0.8	1	4.604	3.014	3.014
10	10	1.0	0.7	3.255	3.834	3.255
10	10	1.0	0.8	3.255	2.504	2.504
10	10	1.0	0.9	3.255	1.390	1.390
10	10	1.0	1	3.255	0.434	0.434
15	8	0.5	0.7	9.604	12.401	9.604
15	8	0.5	0.8	9.604	11.336	9.604
15	8	0.5	0.9	9.604	10.445	9.604
15	8	0.5	1	9.604	9.681	9.604
15	10	0.7	0.7	8.255	10.501	8.255
15	10	0.7	0.8	8.255	9.170	8.255
15	10	0.7	0.9	8.255	8.056	8.056
15	10	0.7	1	8.255	7.101	7.101

由表 3 - 3 可以看出,随着变差系数的增加,零售商的最优采购批量和制造商的最优分配量均降低,而且制造商的下降速度更快。因此,当变差系数增加到一定程度时,制造商的最优分配量低于零售商的最优采购量,表明当需求的波动性较大时,零售商期末的库存也可能较大,即产生库存积压,零售商丧失支付能力的可能性也较大,此时制造商的最优分配量更加有可能低于零售商的采购批量。此外,随着零售商的违约风险的增加(即随着 α 的增加),制造商也更有可能鼓励零售商降低采购批量,上述结论与直觉相符。

图 3-4 给出了当 $\alpha = 0.9$ 时，随着变差系数 $\dfrac{\sigma}{\mu}$ 的增加，供应链最优、零售商最优和制造商希望的最优采购批量。从图中也可以看出，随着需求波动性的增加，制造商期望的最优采购批量从大于零售商的采购批量下降到低于零售商的采购批量。即当需求的波动性较大时，制造商的最优发货量会低于零售商的最优采购批量，此时供应链未能实现协调。

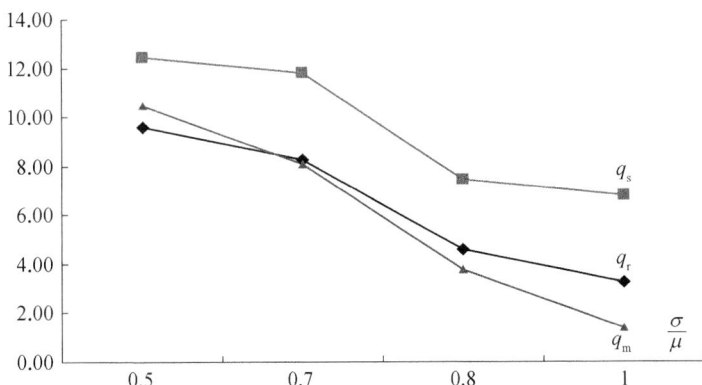

图 3-4　不同变差系数下各方的最优订货批量

3.3　控制商业信用风险以协调供应链的策略分析

在上文的分析中，我们假设企业间的商业信用为单阶段（net term）的商业信用，而实践中两阶段（two parts）的商业信用也普遍存在。两阶段商业信用的一个重要特点就在于其能够激励零售商较早的支付货款，不仅有利于制造商回收资金，也有利于制造商规避风险。因此，当制造商面临较大的资金压力或者零售商具有较高的风险时，制造商可以通过设立两阶段商业信用的方式来优化现金流。

制造商在设定两阶段的商业信用中，一个很重要的参数就是现金折扣的大小，过大的现金折扣会导致较高的成本，而过低的现金折扣则激励力度不足，难以发挥应有的作用，所以如何确定最优的或者合适的现金折扣就成为制造商必须考虑的一个重要问题。然而，当前学术界却没有相关的文献对这一问题给予研究，这一问题也成为了有待研究的课题。本节试图对这一问题给出初步的分析，对现金折扣率的设定给出一种理论解释。

3.3.1　两阶段商业信用中现金折扣的设定

同样考虑由单个制造商和单个零售商组成的供应链，假设制造商最终配送给零售商的批量为 q，需满足 $q = \text{Min}\{q_r, q_m\}$。为了规避风险，制造商向零售商提供形式为"$\beta/T_1/T$"的两阶段商业信用政策，在该商业信用政策下，零售商若在制造商开具发票后的 T_1 天内交付货款则可以享受 β 的现金折扣，即仅需支付的货款为 $wq(1-\beta)$，若零售商不能在 T_1 时段内支付货款，则不能享受现金折扣，同时必须在开具发票后的 T 时段内支付货款。设 $T_2 = T - T_1$。

当零售商在较短时间内支付并享受现金折扣时，制造商不会面临支付风险，其利润为

$$\pi_m(q, \beta) = (w - c)q - wq\beta \qquad (3-23)$$

其期望值为

$$E[\pi_m(q, \beta)] = (w - c)q - wq\beta \qquad (3-24)$$

若不提供现金折扣，则制造商将面临着不能回收全部货款的风险，此时的利润函数为

$$\pi_m(q) = \begin{cases} \alpha[pD + s(q - D)] + (1 - \alpha)wq - cq & \text{若 } D \leqslant \dfrac{w - s}{p - s}q \\ (w - c)q & \text{其他} \end{cases}$$

$$(3-25)$$

令 $M = \dfrac{w - s}{p - s}q$，则制造商的期望利润为

$$E[\pi_m(q)] = \int_0^M \{[px - s(q-x) - cq]\alpha$$
$$+ (1-\alpha)(w-c)q\} f(x)\mathrm{d}x \qquad (3-26)$$
$$+ \int_M^\infty (w-c)qf(x)\mathrm{d}x$$

进一步简化为

$$E[\pi_m(q)] = (w-c)q - \int_0^M (p-s)\alpha F(x)\mathrm{d}x \qquad (3-27)$$

上式的第二项即为由于支付风险的存在而导致的损失。

因此，对制造商而言，当现金折扣满足如下条件：

$$E[\pi_m(q,\beta)] + wq(1-\beta)I_m T_2 \geqslant E[\pi_m(q)] \qquad (3-28)$$

时制造商通过提供现金折扣所获得的期望收益将不少于不提供现金折扣时的期望收益。此时提供两阶段的商业信用政策就是制造商最优的选择。在上述不等式中，$wq(1-\beta)I_m T_2$ 为在剩余的时段内，制造商从零售商支付的货款中获得的投资收益或者资金成本的节约，这里 I_m 为制造商的资金成本。

上述不等式可以简化为

$$(w-c)q - wq\beta + wq(1-\beta)I_m T_2$$
$$\geqslant (w-c)q - \int_0^M (p-s)\alpha F(x)\mathrm{d}x。 \qquad (3-29)$$

进而可得现金折扣应满足

$$\beta \leqslant \frac{wqI_m T_2 + \int_0^M (p-s)\alpha F(x)\mathrm{d}x}{wq(1+I_m T_2)} \qquad (3-30)$$

从零售商的角度看，提前支付以获得现金折扣时，必须支付的货款为

$$C_r(q,\beta) = wq(1-\beta) \qquad (3-31)$$

而当零售商在商业信用到期时的再支付的支付货款为

$$C_r(q) = wq \qquad (3-32)$$

则现金折扣率 β 必须满足如下的条件：

$$C_r(q, \beta) + wq(1-\beta)I_r T_2 \leqslant C_r(q) \qquad (3-33)$$

式中，$wq(1-\beta)I_r T_2$ 为零售商提前支付的货款所产生的投资收益或者资金节约。上式的含义在于零售商提前支付所产生的成本必须小于零售商最终支付的成本。

进一步化简可得，现金折扣率需满足：

$$wq(1-\beta) + wqI_r T_2 \leqslant wq \qquad (3-34)$$

因此，为促使零售商接受现金折扣而提前支付，制造商提供的现金折扣率必须满足：

$$\beta \geqslant I_r T_2 \, 。 \qquad (3-35)$$

据此可得现金折扣率的取值范围为：

$$I_r T_2 \leqslant \beta \leqslant \frac{wqI_m T_2 + \int_0^M (p-s)\alpha F(x)\mathrm{d}x}{wq(1+I_m T_2)} \qquad (3-36)$$

而折扣率的具体取值取决于模型尚未考虑的因素，如：双方的资金约束、市场势力、行业惯例以及其他因素。

3.3.2 协调供应链的商业信用策略

前述分析表明，当存在商业信用及信用风险时，供应商的采购批量可能小于零售商的订购量。此时，无论整个供应链还是零售商都未能获得最优的期望利润，供应链远未协调。为消除制造商的顾虑，进而增加制造商的发货量，零售商可以在收到货物的同时支付货款甚至提前支付货款，零售商在放弃延期支付优惠的同时可以要求制造商增加发货量并提供价格折扣。

　　这里为协调供应链,零售商可以订购整个供应链最优的采购批量 q_s,并要求制造商提供更低的采购价格,或者在原有的基础上提供价格折扣。制造商的总的折扣数量,需满足两个条件。

　　(1) 零售商的个人理性约束:

$$E[\pi_r(q_s)] + d(q_s) \geqslant E[\pi_r(q_m)] + [wq_m - d(q_s)]I_r T \tag{3-37}$$

上式各项分别为:新的采购批量下零售商的期望利润、零售商获得的总的折扣、零售商在先前采购批量下的期望利润、零售商由于延期支付货款所获得的投资收益。上述不等式的含义为零售商选择当期支付并享受价格折扣的收益大于零售商选择延期支付时的收益。由 $E[\pi_r(q)] = (p-w)q + (s-p)\int_0^q F(x)\mathrm{d}x$ 可得上述不等式,即

$$(p-w)q_s + (s-p)\int_0^{q_s} F(x)\mathrm{d}x + d(q_s)$$

$$\geqslant (p-w)q_m + (s-p)\int_0^{q_m} F(x)\mathrm{d}x + [wq_m - d(q_s)]I_r T$$

进而可得数量折扣的最小折扣:

$$d(q_s) \geqslant \frac{wq_m I_r T - (p-w)(q_s-q_m) + (p-s)\int_{q_m}^{q_s} F(x)\mathrm{d}x}{1 + I_r T} \tag{3-38}$$

　　定义 $\underline{d(q_s)} = \dfrac{wq_m I_r T - (p-w)(q_s-q_m) + (p-s)\int_{q_m}^{q_s} F(x)\mathrm{d}x}{1 + I_r T}$,

其为数量折扣的下限,也是零售商所能够接受的最小的数量折扣。当数量折扣的取值为 $\underline{d(q_s)}$ 时,零售商在提前支付与延期支付的收益相等。

（2）制造商的个人理性约束：

$$E[\pi_m(q_s)] - d(q_s) + [wq_m - d(q_s)]I_m T \geqslant E[\pi_m(q_m)]$$

$$(3-39)$$

上述不等式中的各项分别为：制造商在新的采购批量下的期望利润、制造商支付给零售商的总折扣量、制造商从提前支付中获得的投资收益、制造商在先前采购批量下的期望利润。不等式的含义在于制造商在提供价格折扣以鼓励零售商当期支付货款所获得的总收益应大于延期支付时的期望利润。

上述不等式为

$$(w-c)q_s - d(q_s) + [wq_m - d(q_s)]I_m T$$
$$\geqslant (w-c)q_m - \int_0^M (p-s)\alpha F(x)\mathrm{d}x \qquad (3-40)$$

这里当零售商选择当期支付时，制造商的期望利润为 $E[\pi_m(q_s)] = (w-c)q_s$，而当零售商选择延期支付时，由于信用风险的存在，制造商的期望利润为 $E[\pi_m(q)] = (w-c)q - \int_0^M (p-s)\alpha F(x)\mathrm{d}x$。

对上述不等式进行简化可得价格折扣需满足

$$d(q_s) \leqslant \frac{wq_m I_m T + (w-c)(q_s - q_m) + (p-s)\int_0^M \alpha F(x)\mathrm{d}x}{1 + I_m T}$$

$$(3-41)$$

定义 $\overline{d(q_s)} = \dfrac{wq_m I_m T + (w-c)(q_s - q_m) + (p-s)\int_0^M \alpha F(x)\mathrm{d}x}{1 + I_m T}$，

其为数量折扣的上限，是制造商愿意提供的最大的数量折扣。当数量折扣的取值为 $\overline{d(q_s)}$ 时，制造商在提供价格折扣和不提供价格折扣时的期望收益相等。

至此，可得数量折扣的取值范围为

$$d(q_s) \leqslant d(q_s) \leqslant \overline{d(q_s)} \tag{3-42}$$

而折扣率的具体取值取决于模型尚未考虑的因素,如双方的资金约束、市场势力、行业惯例以及其他因素。

为验证上述结论,不妨设需求 D 在$[0,1]$区间上服从均匀分布,则其分布函数和概率密度函数分别为:$F(x)=x$,$f(x)=1$,则有 $q_s = \dfrac{p-c}{p-s}$,$q_m = \dfrac{(p-s)(w-c)}{\alpha(w-s)^2}$,即有 $q_m^* = Min\left\{\dfrac{p-w}{p-s}, \dfrac{(p-s)(w-c)}{\alpha(w-s)^2}\right\}$。

进一步给各参数赋值如下:$p=100$;$w=80$;$c=70$;$s=20$;$\delta=0.1$;$\alpha_2=0.8$,$I_r=0.15$,$I_m=0.10$。将上述数值代入上文的分析公式,可以得到如表3-4和图3-5所示的有关两阶段的现金折扣率以及价格折扣总量的取值随违约概率 α 的变化趋势。由此可以得出如下的结论:

表 3-4 不同参数取值时的现金折扣率及价格折扣

参数取值	现金折扣率			价格折扣总量		
α	$\underline{\beta}$	$\overline{\beta}$	$\dfrac{\overline{\beta}+\underline{\beta}}{2}$	$\underline{d(q_s)}$	$\overline{d(q_s)}$	$\dfrac{\overline{d(q_s)}+\underline{d(q_s)}}{2}$
0.5	2.1%	5.3%	3.7%	0.88	1.88	1.38
0.6	2.1%	6.1%	4.1%	0.88	2.00	1.44
0.7	2.1%	6.9%	4.5%	0.88	2.13	1.50
0.8	2.1%	7.5%	4.8%	0.87	2.25	1.56
0.9	2.1%	7.5%	4.8%	0.79	2.32	1.56
1	2.1%	7.5%	4.8%	0.70	2.39	1.54

随着违约风险的增加,制造商愿意提供的现金折扣率也随着增加,即制造商希望通过以更高的现金折扣来鼓励零售商尽早交付货款,验证了风险与收益间的关系。同时,随着风险的增加,零售商原

因接受的总价格折扣随之减小,而制造商愿意提供的价格折扣总量则随之增加。这种情况出现的原因在于,当信用风险较小时,制造商愿意满足零售商的全部订货量,零售商的订货量处于最优的状态,而当信用风险增加时制造商可能会降低向零售商的采购批量,此时零售商的期望利润与其采购供应链最优批量时的利润差别减少,因此其能接受的价格折扣也随之减少。对于制造商而言,风险增加时,其期望的收益会减少,所以当零售商需要提前支付时,其愿意提供的折扣也随之增加。

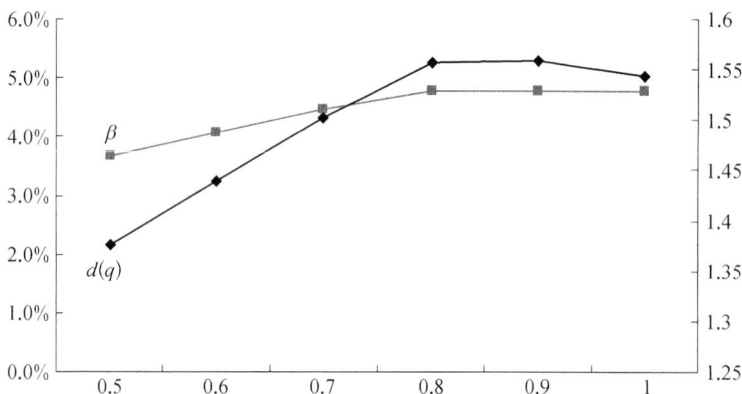

图 3-5　不同参数取值时的现金折扣率及价格折扣

3.3　本章小结

本章旨在分析商业信用风险对供应链协调的影响,并给出控制商业信用风险进而促进供应链协调的应对策略。研究结论表明当零售商的违约风险较高,或者需求的波动性较大时,鼓励零售商增加采购批量就不再是制造商的最优选择,此时制造商将选择发送少于零售商订单的批量以避免库存大量积压所导致的风险。

具体而言,文章的结论表明,当存在商业信用政策时,风险中性的制造商最优的发货量存在着三种可能的结果:① 制造商的发货量小于零售商最优的采购批量,此时零售商的订单未被完全满足;

② 制造商的发货量大于零售的采购批量,但是低于供应链最优的采购批量;③ 制造商最优的采购批量大于供应链最优的采购批量,此时制造商会激励零售商增加采购批量以实现供应链的协调和自身期望利润的增加。当用均值方差模型来刻画制造商的效用函数时,我们可以得到风险厌恶的制造商的最优发货量,而且可以证明风险规避导致制造商向零售商的发货量低于风险中性时的取值。此时,制造商更有可能发送比零售商的采购批量更小的量。最后的数值算例验证了数学模型的结论。

为消除信用风险对供应链协调的阻碍,下游企业可以通过提前支付货款或者当期支付货款的方式来降低供应商的风险,进而实现供应链的协调。本章结论的管理学含义在于,由于支付风险的存在,制造商有时会缺少协调供应链的动机,供应商可能不再会提供诸如数量折扣、返利等一系列的措施来鼓励零售商增加采购批量,此时供应链将不能够取得协调。因此,供应链的协调和优化不仅需要各方共享信息,协调行动也需要对供应链的资金问题进行有效的安排。

第4章　确定需求条件下的
商业信用协调机制

4.1　引言

上一章从供应商的角度分析了给定商业信用及其风险时供应商如何确定最优的发货量,研究并得到了信用风险对供应链协调的影响。尽管上述研究的结论表明当零售商具有较大的信用风险时,供应商有可能会不满足零售商的采购批量。然而在实践中,商业信用周期往往较短,而且很多上下游企业间往往已形成了长期的合作关系,因此商业信用所带来的信用风险在较大范围内可以不予考虑,此时商业信用对上下游企业的影响主要体现在资金占用方面。在这一背景下,与供应链协调中的普遍结论相符,供应商的最优选择将会是设法激励购货企业将采购批量提升至供应链最优的采购量。

目前学术界已经给出了众多的能够鼓励零售商增加采购批量进而实现供应链协调的协调机制,如数量折扣、返利、回购等。然而正如有些研究(Cachon,2003)所指出的那样,供应链协调机制的可操作性和实施成本也是实务界关注的重要课题,对可操作性和实施成本的关注也导致了实务界大量利用批发价合同这一并不能协调供应链的协调机制。因此,设计可操作性强、实施成本低的协调机制也是供应链协调研究中必须考虑的问题。而普遍存在的商业信用政策给利用商业信用协调机制以协调供应链提供了良好的基础,通过简单的修改当前商业信用政策就能够将商业信用政策设置为协调供应链的商业信用协调机制。因此,商业信用也具有较好的可操作性和较低的实施成本。

由于商业信用在协调供应链方面的优势,学术界开始关注如何设定商业信用政策以实现供应链的协调,这方面 Luo(2007)则较早将商业信用作为供应链协调机制,研究了在确定性需求下商业信用协调机制对单个产品供应链的协调作用,通过与数量折扣合同机制的对比,指出在一定条件下商业信用协调机制要优于数量折扣合同。将商业信用作为供应链协调机制的文献还包括：Yang & Wee(2006),Ho 等(2007),Chen & Kang(2007),Jaber & Osman(2006)等,见本书第二章"文献综述"中的详细分析。

上述研究的不足在于缺少实证研究的支持,即对于企业的库存决策是否受到供应商商业信用政策的影响缺少实证研究的检验。商业信用对企业库存的影响得到了学术界的普遍关注,但是已有的理论研究多以数量模型分析为主,相关结论缺少实证检验的支持。而通过实证研究检验商业信用对企业库存订购行为的影响对却是相关模型研究的基础和前提。实际上,若零售商在进行采购和库存决策时很少考虑供应商的商业信用政策,那么以商业信用来协调供应链就变得不切实际。因此,以商业信用作为供应链协调机制的一个重要前提在于,零售商在进行采购时十分关注供应商提供的商业信用,而对这一前提条件的研究多是利用简单的数学模型,并无实证研究进行支持,尤其是以我国企业为样本的实证研究尚未见诸报端。

近些年来,以实证的方法研究企业库存决策问题的文献开始出现,这些研究多以传统的库存模型给出的结论为依据建立假设,随后选取适当的样本验证检验假设的真实性。在这些研究中,Lieberman 等(1999)研究了大规模汽车零部件制造企业的库存管理,发现其库存管理与经典库存管理理论基本吻合,但美国和日本的汽车零部件制造企业库存水平没有显著差异,与前人结论截然相反;Gaur 等(2005a)利用美国上市公司的数据分析了,影响零售商型企业库存水平的因素,结论表明企业的年库存周转率与毛利率负相关,而与资本密度(capital indensity)和未预料的销售(sale surprise)正相关;Gaur 等(2005b)分析了美国零售企业的规模和销售增长率对企业库存周转率的影响;Rumyantsev & Netessine (2007)发现相对库存水平和平均需求呈正相关关系、与需求的不确定性呈正相关关系,与提前期呈正相关关系,与毛利率呈正相关关系,与库存持有成本呈负相关关系;销售规模越大的公司,相对库存水平越低,但库存水平与销售规模不存在 EOQ 模型所得出的平方根关系。

　　类似的文献还包括:Lieberman & Asaba(1997)对比研究美国和日本汽车制造行业库存减少与生产率的关系,指出美日两国的数据均支持库存水平下降和生产率提高呈正相关关系。Lieberman & Demeester(1999)采用 52 家日本汽车制造商研究了库存水平和生产率的关系,得到与 Lieberman & Asaba(1997)相似的结论;Humphreys(2001)研究了生产制造技术对库存水平的影响;Rajagopalan & Malhotra(2001)考察了美国企业 1961～1994 年间原材料、在制品和产成品库存水平的变化趋势;Cachon & Olivares(2006)研究了影响汽车装配商产成品库存水平的驱动因素。

　　需要指出的是,上述以实证方法检验影响企业库存水平的因素的文献均"不约而同"地忽略了商业信用这一重要决定因素。本章针对这一问题,利用中国汽车行业上市公司的相关数据来实证检验企业的库存决策与商业信用间的关系,以检验将商业信用作为供应链协调机制的合理性和可行性。基于实证研究的结论,本章还进一步的分析确定性需求背景下,如何将商业信用作为内生的决策变量,通过设置灵活的商业信用政策而协调供应链。

4.2　商业信用协调供应链的实证分析

4.2.1　研究假设与计量模型

根据商业信用与库存间的关系,本部分着重研究供应商提供的商业信用与企业的库存水平间的关系,并借鉴库存实证研究文献和理论文献,选取毛利率、贷款利率和通货膨胀率作为控制变量。根据本章所要研究的问题,提出研究假设。

1. 研究假设

供应商提供延迟支付的商业信用时,购货企业的库存不会占有资金因而具有较低的库存持有成本,因此购货企业会增加采购批量进而库存水平也较高。此外,实践中,供应商往往对自身产品的质量及功能具有完全的信息,而购货企业则供应商产品的质量不具有完全信息。在购货企业处于信息劣势时,为规避产品质量问题导致的风险,购货企业往往会降低采购批量,尤其是当供应商与购货商尚无长期的合作关系或者产品具有质量不稳定的特性时,这一信息不对称对于降低采购批量的效果会更加明显。此时,供应商通过提供商业信用政策能够传达出产品质量信息,同时向购货商提供一定的"保险",进而能够降低购货企业因产品质量导致的风险,增加其采购批量。商业信用的资金节约和信号传递功能说明其具有刺激购货企业提升采购批量的作用。

假设 1:企业的库存水平与企业获得的商业信用正相关

毛利率受产品价格、产品种类、服务水平和产品寿命周期等因素的综合影响。成本一定的情形下,提高价格一方面可使毛利率增加,同时价格提高会减少需求,从而降低销售额和库存周转率。产品种类越多,消费者可接受的价格越高,毛利率越高;同时产品种类越多,虽然可以通过延迟策略和零部件通用化降低安全库存,但总体上会增加库存水平降低库存周转率。根据报童模型,增加毛利率意味着增大库存水平,提高服务水平,降低库存周转率。产品寿命周期越短,消费者获得更新换代产品的速度越快,消费者的效用越高,从而可以提高产品价格,增大毛利率;同时产品寿命周期越短,需求不确定性越大,需要持有更多的安全库存,从而降低库存周转率。以上从几个角度说明产品毛利率与库存周转率呈负相关关系,进一步将上述结论从产品层面推广到公司层面。

假设2: 企业库存水平与企业产品的毛利率负相关

持有库存的一个重要成本是资金占用成本,利率越高则持有库存的资金占用成本越高。当利率上升时,企业会设法降低库存水平以节约资金成本,因此利率也是一个影响企业库存水平的重要因素,利率作为一个重要变量在很多有关库存管理的实证研究中,均以控制变量的形式存在,见 Chen 等(2005)等。

假设3: 企业库存水平与贷款利率负相关

通货膨胀率也会对企业的库存水平产生影响,其对库存水平的影响来自两方面:① 较高的通胀率意味着应尽早购入,以避免进一步的价格上涨;② 较高的通胀率意味着较高的利率,进而导致较高的库存持有成本,因此,通胀率对企业库存水平的影响是不确定的。

假设4a: 企业库存水平与通货膨胀率正相关

假设4b: 企业库存水平与通货膨胀率负相关

2. 计量模型

为检验企业的库存水平与获得商业信用间的关系,可构建如下的面板计量模型:

$$\log(Dinvent_{it}) = a + b_1\log(Dpayable_{it}) + b_2 Gmargin_{it}$$

$$+ b_3\frac{PPI_t - PPI_{t-1}}{PPI_{t-1}} + b_4 Rate_t + u_i + v_{it}$$

式,i 表示公司;t 表示时间点;$Dinvent$ 表示库存天数,一般来说,库存天数越高,则企业库存周转率越低,库存水平越高;DPayable 表示应付款天数,这里的应付款包括应付账款和应付票据,应付款天数越高,则企业获得的商业信用越多。理论上,应付款的周转天数应该以采购成本为分母,而企业财务报表中并无此类数据,因此本书以主营业务成本作为企业采购成本的替代。

为验证应付款对企业库存水平的影响,必须剔除其他影响库存水平的因素,为此本书设置了如下的控制变量: ① 产品的毛利率(Gmargin),根据经典的报童模型可知,企业的订货量与产品的毛利率正相关,因此在需求分布不变的情况下,高毛利率意味着较高的库存水平(Gaur 等,2005)。② 利率(Rate),利率越高则库存的资金占用成本(或机会成本)越高。作为库存水平的决定因素,利率在有关库存管理的实证文献中,均以控制变量的形式存在(如 Chen 等,2005)。③ 通货膨胀率 $\left(\dfrac{PPI_t - PPI_{t-1}}{PPI_{t-1}}\right)$,其中,PPI 为工业品出厂价格指数。表 4-1 给出了相关变量的定义及计算公式。

表 4-1　变量定义及计算公式

变 量	含 义	计 算 公 式
Dinvent	库存天数	365 * (年初库存 + 年末库存)/(2 * 主营业务成本)
DPayable	应付款天数	365 * (应付账款 + 应付票据)/主营业务成本
Gmargin	毛利率	(主营业务收入 - 主营业务成本)/主营业务收入
Rate	贷款利率	1 年期贷款利率
$\dfrac{PPI_t - PPI_{t-1}}{PPI_{t-1}}$	通胀率	PPI 为工业品出厂价格指数

对计量模型的估计方法是多样的,如组内估计(或固定效应估计)、组间估计、随机效应估计、可行的广义最小二乘估计(FGLS)等。其中,组内估计忽略了样本随截面变动的信息,组间估计忽略了样本随时间变动的信息,而随机效应估计能同时处理样本随截面变动和随时间变动的所有信息,它是组内估计和组间估计的加权平均。随机效应估计能否获得无偏、一致的参数估计需要满足两个前提:一是面板回归的个体成分(u_i)必须存在随机效应,这可用 Breusch and Pagan 的拉格朗日乘子检验(简称"LM 检验")来验证;二是面板回归的异质成分(v_{it})对回归自变量的条件期望为零,这可用 Hausman 模型设定检验来验证(Blatagi,2005)。当模型存在随机效应,且面板回归的异质成分对回归自变量的条件期望为零时,使用随机效应估计、FGLS 估计能够获得无偏、一致的参数估计,且 FGLS 估计还能对面板数据的时序相关结构和异方差结构进行调整,从而获得较之随机效应估计更有效的参数估计。鉴于汽车行业数据截面存在明显的异方差结构,故当 LM 检验表明模型存在随机效应,且 Hausman 检验接受原假设时,将优先使用 FGLS 估计,它能保证获得较之随机效应估计更有效的参数估计;当模型不存在随机效应,或 Hausman 检验拒绝原假设时,将使用固定效应估计方法,它仍能保证获得一致的参数估计结果。

4.2.2　数据来源与描述统计

参照 wind 金融终端提供的行业分类标准,选取 44 家汽车行业上市公司 1996—2005 年度的财务数据作为研究对象,其中,整车制造商 17 家,零配件提供商 27 家。数据来源于 CSMAR 数据库和国家统计局官方网站。

表 4 - 2 给出了各个变量的描述性统计,其中库存天数的平均值为 124 天,也即年库存周转次数接近于 3 次,但各个样本点间的

差别较大,最大值达到了 625 天,而最小值仅为 12 天。应付款天数及毛利率也具有类似的趋势。

表 4-2　描 述 性 统 计

	均　值	标准差	最小值	最大值	观察值
库存天数	124	82	12	625	315
应付账款天数	103	74	15	524	315
毛利率	0.218 9	0.099 6	−0.289 0	0.490 1	315
贷款利率	0.066 8	0.019 4	0.053 1	0.115 2	315
通胀率	0.001 9	0.039 2	−0.104 4	0.053 3	315

注:库存天、应收账款天数、应付账款天数均四舍五入到整数位。

图 4-1 将每个年份各企业的库存天数、应付账款天数及毛利率进行了平均。从图中可以看出,汽车行业的毛利率呈明显的下降趋势这与汽车行业竞争的加剧趋势相吻合。此外,除 1999 年和 2000 年出现异常外(这一异常可能是 1998 年亚洲金融危机的影响),库存天数也呈下降趋势,从 1996 年的 137 天下降到 2005 年的 111 天。考虑汽车行业竞争的加剧和产品品种的增加对库存的不

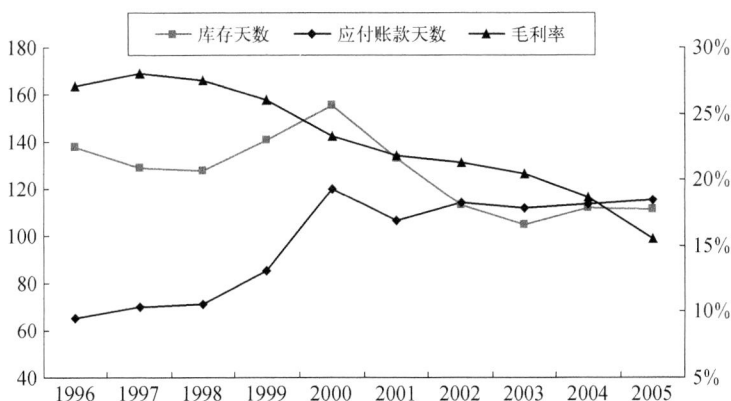

图 4-1　样本总体平均库存天数、应付账款
天数、企业毛利率的变化趋势

利影响,这一下降趋势能够说明我国汽车行业库存管理水平的提升。最后,应付款天数出现了明显的增长趋势,说明汽车企业在获得了更多的商业信用、占用了更多的供应商货款。

图 4-2 给出了汽车零部件制造商和整车制造商的平均库存天数及毛利率的变化趋势。显然,整车制造商的库存天数及毛利率均低于零配件制造商。

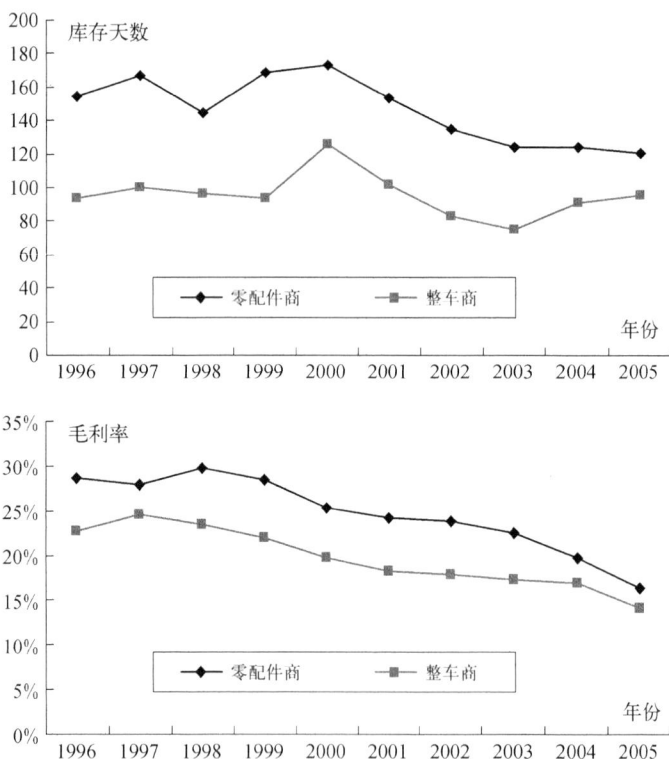

图 4-2　汽车零配件商及整车商的库存天数、毛利率的变化趋势

图 4-3 还给出了应付账款天数与库存间的趋势平滑,从图 4-3 可以看出:① 大多数企业的应付款天数小于 200 天,且库存数也大多小于 200 天;② 库存天数与应付款天数呈较为明显的正相关关系,即应付款天数越高,库存天数越高,或者换言之企业获得的商业信用越大,其订货量就越大,库存水平也就越高。

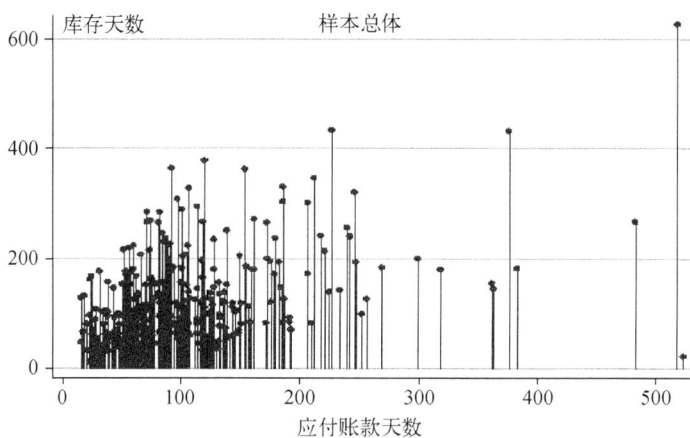

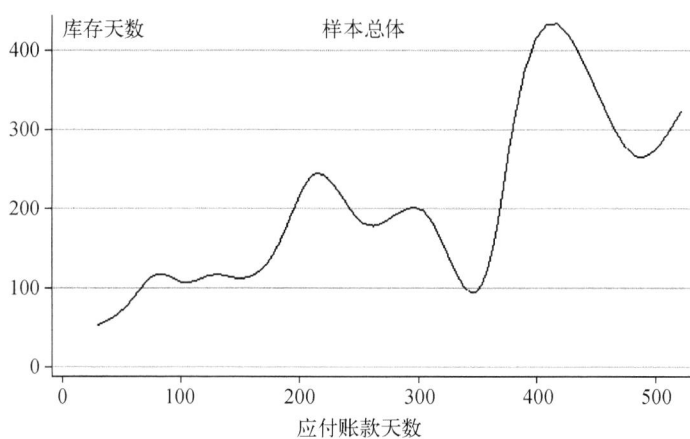

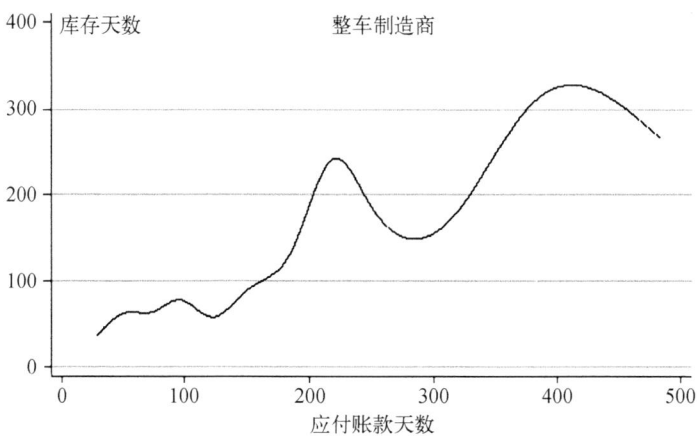

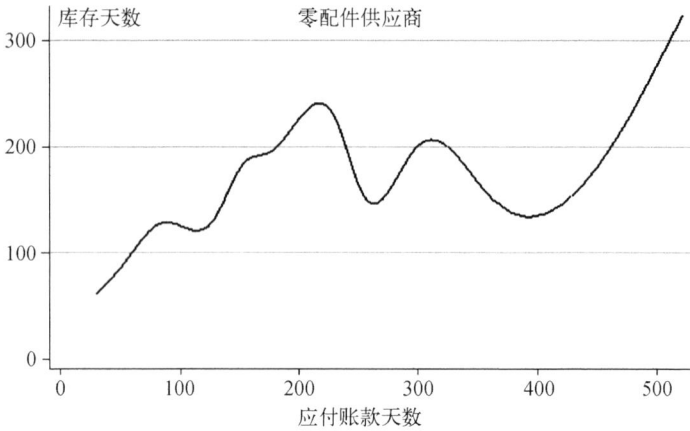

图 4 - 3　基于混合样本的应付款天数与
库存天数之间的关系与趋势

4.2.3　实证结果

　　表 4 - 3 分别给出了全样本、整车制造商和零配件供应商的三种模型估计。从样本总体的模型估计结果来看,LM 检验表明模型存在随机效应,但 Hausman 检验表明面板回归的个体成分对回归自变量的条件期望不为零,表明使用随机效应估计、FGLS 估计无法获得一致的参数估计结果,因此我们以固定效应为准进行解释与推断。同理,对零配件供应商的模型估计,也应以固定效应估计为准。但检验表明,当使用 FGLS 对整车制造商样本进行估计时,能获得较之估计效应和随机效应更有效的参数估计。

　　由表 4 - 3 可以发现:

　　(1) 应付款天数与库存天数显著正相关,与假设是一致的,即实证结果支持假设 1,这表明商业信用政策是汽车企业在确定最优库存水平时考虑的重要因素,宽松的商业信用政策能够鼓励购货企业增加采购批量,这一结论为将商业信用作为供应链协调机制提供了依据。

表 4 - 3　模型估计结果

	样 本 总 体		整 车 制 造 商			零 配 件 供 应 商	
	固定效应估计	随机效应估计	固定效应估计	随机效应估计	FGLS估计	固定效应估计	随机效应估计
b_1	0.484 9***	0.532 8***	0.442 2***	0.535 7***	0.600 9***	0.478 5***	0.506 3***
b_2	0.427 2	0.837 9***	−0.606	−0.080 8	1.731 4***	0.571 6	1.056 5***
b_3	0.722 8	7.021 9	0.887	0.812 8	−0.653 9	0.752 2	0.496 7
b_4	7.614 6***	0.570 4***	6.338 4**	6.683 1***	5.239 8**	8.457 5***	7.046 9***
b_0	1.865 4***	1.754 8***	2.115 8***	1.603 3***	0.997 4***	1.935 8***	1.817 3***
R^2	0.189 2	0.373 9	0.153 8	0.321 1		0.220 5	0.316 6
$F/Wald$ 检验	15.57***	105.48***	4.5***	31.38***	114.68***	11.60***	61.18***
LM 检验		159.84***		43.13***			112.67***
$Hausman$ 检验		14.77***		3.54			21.66***
观 测 数	315	315	120	120	120	195	195
组 　 数	44	44	17	17	17	27	27

注：1. "F/Wald 检验"是检验模型所有系数是否为均为零的检验统计量，当使用固定效应估计时，用来检验模型是否存在随机性；"Hausman 检验"是豪斯曼检验统计量，当使用固定效应估计和 FGLS 估计时，使用 F 检验，当使用随机效应估计时，需用 Wald 检验。

2. "LM 检验"是 Breusch and Pagan 拉格朗日乘子检验统计量，用来检验模型是否存在随机性；"Hausman 检验"是豪斯曼模型设定检验统计量，如果接受原假设，则用 FGLS 估计可以获得一致，更有效的参数估计。FGLS 估计考虑了截面异方差的影响。

3. ***，**，* 分别表示估计量在 1%，5%，10% 的显著性水平上显著。

(2)从对各样本的估计结果来看,库存水平与毛利率基本正相关(但全样本、零配件供应商样本不显著)。可能的原因在于高毛利率的企业由于销售丧失引致的成本较大,需要保持较高的库存水平以防止缺货,这与已有的实证结论和理论预测基本吻合,说明实证结果支持假设2。

(3)库存水平与通货膨胀率间并无显著的相关关系,表明国内汽车企业在进行库存决策时较少考虑该因素的影响,因此假设4a,4b并未得到实证的支持。

(4)库存水平与一年期的贷款利率显著正相关,且贷款利率对零配件供应商的影响要大于整车制造商。这一结果与库存理论预测结果相反,即假设3未得到实证结果的支持。可能的原因是在汽车行业,由于部分消费者以贷款的方式购买汽车,因此利率上升导致消费者购车成本增加,进而导致汽车制造商销售量的降低和库存的增加;而销量降低的整车制造商则会降低生产量,进而导致零配件商销售量的降低和库存量的增加。此外,利率对零配件供应商的影响大于整车制造商的可能原因是供应链中普遍存在的"牛鞭效应",即订单的波动幅度在向供应链上游传递时逐渐增加,零配件供应商面临的需求波动幅度大于整车制造商的波动幅度,进而零配件商的库存波动幅度也大于整车制造商,最终即表现为零配件商的库存天数对利率更加敏感。

总之,本节的研究表明企业的库存天数与应付款天数显著正相关,说明宽松的信用政策能够激励零售企业增加采购批量。该结论的意义有两点:① 表明了商业信用是影响企业库存水平的重要因素,而已有的研究忽略这一因素缺乏合理的依据;② 在于实证支持了将交易信作为供应链协调机制的理论,即给定商业信用对库存的影响作用,供应商可以将商业信用作为供应链协调机制,通过设置依赖于采购批量的商业信用政策而影响购货企业的采购决策,进而实现供应链的协调。而特有的融资作用赋予了商业信用优于其他常用机制,如数量折扣、回购、返利等的独特优势,如当购货企业面临资金约束时,商业信用则是能够协调供应链的唯一选择。因此分析商业信用对供应链的协调作用具有重要的理论意义,是值得进一步深入研究的领域。本书将在下述章节重点分析这一问题。

4.3　需求确定时供应链商业信用协调机制

上一节的研究表明,商业信用是企业进行库存决策时考虑的重要因素,供应商设置较长期限的商业信用能够激励下游企业提升采购批量,此时商业信用能够起到与价格折扣政策类似的作用,也因此可以作为协调供应链的手段。商业信用的供应链协调作用开始得到了学术界的关注,如 Luo(2007)等,然而这些研究还刚刚处于起步阶段,相关的模型较为简单,而实践中普遍存在的易腐品、信息不对称、资金约束等背景尚未得到关注,本节即分析基于商业信用的易腐物品供应链协调问题,以及当需求依赖于库存时如何设置商业信用协调机制。

4.3.1　基本模型

首先通过一个简单的基本模型,阐释确定性需求下商业信用政策对供应链的协调作用。考虑比较简单的单个供应商与单个零售商组成的二级供应链,其中,零售商根据 EOQ 模型确定订货量,双方采用"批量对批量"(lot-for-lot)的供货模式,此模式类似于"按定单生产"(make to order)的供货模式,即零售商采购一批供应商生产一批,这里忽略生产所需的时间,因此供应商不持有库存。这种模型假设在以前的学术研究中也得到了大量的应用,见 Monahan (1984),Corbett & Groote(2000)等。本节主要的符号及含义如表4-4 所示。

在分散决策的供应链中,由 EOQ 模型可知零售商单位时间的

表 4-4 符号及其含义

符 号	含 义	符 号	含 义
K_b	零售商每次订货成本	w	零售商的采购价格
K_v	供应商每次订货成本	$I_b I_v$	零售商、供应商的资金成本
Q	订货批量	t	延期付款长度
D	单位时间需求量	$TC_i(\cdot)$	总成本函数
h	零售商库存持有成本		

总成本为

$$TC_b(Q) = \frac{DK_b}{Q} + \frac{hQ}{2} \qquad (4-1)$$

等式右边的第一项为单位时间的订货成本,而第二项为库存持有成本。

令 $\dfrac{dTC}{dQ} = 0$ 可得上式的一阶条件:

$$Q_b^* = \sqrt{2DK_b/h} \qquad (4-2)$$

再由二阶条件: $\dfrac{d^2 TC}{dQ^2} = \dfrac{2DK_b}{Q^3} > 0$,可知 $TC_b(Q)$ 为采购批量 Q 的凸函数,进而可知一阶条件即为使得总成本最小的解,即零售商成本最小的定购量为 $Q_b^* = \sqrt{2DK_b/h}$。 在上述采购批量下,零售商的总成本为: $TC_b(Q_b^*) = \sqrt{2K_b Dh}$。

从供应链的角度看,供应链的总成本为:

$$TC_j(Q) = \frac{D(K_v + K_b)}{Q} + \frac{hQ}{2} \qquad (4-3)$$

总成本较零售商成本多出供应商的生产准备成本 $TC_v(Q) = \dfrac{DK_v}{Q}$。 与零售商的最优批量求解方法类似,可得供应链整体最优

定购量为

$$Q_j^* = \sqrt{2D(K_b + K_v)/h} \qquad (4-4)$$

对比,供应链最优的采购批量和零售商最优的采购批量,显然有 $Q_j^* > Q_b^*$,即在分散决策的供应链中,零售商最优的采购量小于供应链最优的采购量,此时的供应链未能实现总成本的最小,处于次优状态。

为协调供应链,已有的研究多以数量折扣作为协调机制,见 Munson & Rosenblatt(1998)以及 Sarmah 等(2005)对这一领域文献的总结。本章借鉴 Luo(2007)的研究,以商业信用作为协调机制。在商业信用协调机制下,供应商鼓励零售商将采购批量提升至系统最优的采购批量,但为了补偿零售商由于未采购自身成本最小的批量而导致的成本增加,供应商允许零售商延迟支付货款时间设为 t。延迟支付货款等同于向零售商提供融资,此时零售商可以将原本用于支付供应商的货款用来投资,其收益即为 $wDI_b t$,这里的投资收益率即为零售商整个企业的投资收益率。

需要指出的是本书的研究并未采取 Goyal(1985)将库存的资金占用成本与企业投资收益间进行区分的做法。此举的原因有两个:① 公司财务理论并不将企业不同用途的资金进行区分,而是通过权益成本和债务成本而估算出整个企业的资金成本;② 简化分析,将企业的资金成本进行过于琐碎的划分,本身并不符合企业实践的需求,同时也会导致理论分析的复杂性。此外,Luo(2007)也未遵循 Goyal(1985)的做法,在符合企业实践需要的前提下,大大地简化了分析,本书即借鉴该文的处理方法,将延迟支付货款的收益设置为 $wDI_b t$。

当制造商允许延迟支付时,延迟支付的时间应满足:

$$TC_b(t, Q_j^*) \leqslant TC_b(Q_b^*) \qquad (4-5)$$

即,零售商的采购量即为供应链最优的采购量 Q_j^* 时其成本不能大

于其采购 Q_b^* 时的成本。由此可得,延期付款的期限为

$$\frac{DK_b}{Q_j^*} + \frac{hQ_j^*}{2} - wDI_bt \leqslant \sqrt{2K_bDh} \qquad (4-6)$$

$$t \geqslant \frac{1}{wDI_b}\left[\sqrt{\frac{(K_b+K_v)hD}{2}} + K_b\sqrt{\frac{hD}{2(K_b+K_v)}} - \sqrt{2K_bDh}\right]$$

$$(4-7)$$

令 $t_b = \frac{1}{wDI_b}\left[\sqrt{\frac{(K_b+K_v)hD}{2}} + K_b\sqrt{\frac{hD}{2(K_b+K_v)}} - \sqrt{2K_bDh}\right]$,

则当 $t = t_b$ 时,零售商的成本在供应商提供延期付款前后没有变化。此时,供应商将获得供应链改进的全部收益。

　　然而,在渠道权力日益向终端转移的今天,零售商会要求更多的收益,即更长的商业信用时间。随着商业信用长度的增加,供应商从供应链协调中获得的收益逐渐降低,为满足供应商的个人理性,商业信用长度必须满足:

$$TC_v(t, Q_j^*) \leqslant TC_v(Q_b^*) \qquad (4-8)$$

上式说明,制造商在提供商业信用协调机制时不能增加自身的成本。即

$$\frac{DK_v}{Q_j^*} + wDI_vt \leqslant \frac{DK_v}{Q_b^*}。$$

$$t \leqslant \frac{1}{wI_v}\left[\sqrt{\frac{h}{2K_bD}} - \sqrt{\frac{h}{2(K_b+K_v)D}}\right] \qquad (4-9)$$

再令 $t_v = \frac{K_v}{wI_v}\left[\sqrt{\frac{h}{2K_bD}} - \sqrt{\frac{h}{2(K_b+K_v)D}}\right]$,当 $t = t_v$ 时零售商获得供应协调的所有收益,而制造商在供应链合作前后的成本不变。

　　因此,最终的商业信用长度需满足

$$t_b \leqslant t \leqslant t_v。 \tag{4-10}$$

其具体取值取决于零售商和供应商的市场地位及议价能力。当零售商具有较强的市场地位和谈判能力时,最终的商业信用长度将接近于 t_v 此时延迟支付的时间较长。反之当制造商具有较强大的市场地位,最终的商业信用长度将趋近于 t_b,此时延迟支付的时间较短。

上文给出了延期付款的取值范围,其取值的大小取决于双方的议价能力。在供应链管理领域,有学者借鉴非合作博弈的议价模型分析各方的议价策略及均衡结果对供应链整体收益的影响,如杜义飞等(2006)研究了轮流讨价还价过程与供应链利润的最大化均衡问题。然而,非合作博弈需要对议价双方的行动顺序作出假设,同时折现因子的经济含义也不十分清晰,因此本节将给出基于合作博弈模型的议价模型,分析双方的市场势力对供应链整体成本,及各方成本分担的影响。

Nash(1951)首次提出了纳什议价模型,并给出了公理化的求解方法。Roth(1979)分析了议价能力对纳什议价博弈(Nash Bargaining)均衡结果的影响,给出风险中性的谈判双方的最终分配满足:

$$\arg \max_{x \in \Omega, \, x \geqslant d} (x_1 - d_1)^B (x_2 - d_2)^{1-B} \tag{4-11}$$

式中,$0 \leqslant B \leqslant 1$ 表示零售商的议价能力[有关议价能力的具体经济含义及解释可参见文献 Roth(1979)];d_i 为保留效用;x_i 为所得分配(allocation);Ω 为可行分配集。在本书中,双方就供应链成本节约的分配问题,也即商业信用长度进行谈判。双方的保留收益均为零,而分配分别为 $wQ_j^* I_b(t-t_b)$ 和 $wQ_j^* I_v(t_v-t)$。因此,最终谈判的结果,即商业信用长度满足如下优化问题:

$$\max_{t_b \leqslant t \leqslant t_v} [wQ_j^* I_b(t-t_b)]^B [wQ_j^* I_v(t_v-t)]^{1-B} \tag{4-12}$$

易得该问题的一阶条件为

$$BI_b\left[\frac{I_b(t-t_b)}{I_v(t_v-t)}\right]^{B-1}-(1-B)I_v\left[\frac{I_b(t-t_b)}{I_v(t_v-t)}\right]^{B}=0。$$

进一步化简可得均衡时的商业信用长度为

$$t=t_vB+(1-B)t_b \tag{4-13}$$

当 B 分别取为 $B=0$、$B=0.5$、$B=1$，即供应商具有完全垄断能力、双方具有等同议价能力、零售商具有完全垄断能力时，延迟时间为 t_b、$\frac{t_v+t_b}{2}$ 和 t_v。因此，零售商的谈判能力越高，均衡的延迟时间越长。实践中，大型零售商往往具有绝对优势的谈判地位，因此这些零售商往往延迟较长时间后方才交付供应商货款。

实践中，很多规模巨大的零售企业，如沃尔玛、家乐福、国美等，由于其具有强大的市场地位，因此往往延期很长时间才交付供应商货款。这种垄断势力有时会对供应商的利益造成损失，并影响市场竞争秩序，为此 2006 年 7 月我国商务部、发改委等五部委联合发布《零售商供应商公平交易管理办法》，明确规定零售商延期付款时间不得超过 60 天。

总结上述结论有如下的命题：

命题 4-1： 在批量对批量的采购模式下，协调供应链的商业信用长度为 $t=t_vB+(1-B)t_b$，其中：

$$t_b=\frac{1}{wDI_b}\left[\sqrt{\frac{(K_b+K_v)hD}{2}}+K_b\sqrt{\frac{hD}{2(K_b+K_v)}}-\sqrt{2K_bDh}\right],$$

$$t_v=\frac{K_v}{wI_v}\left(\sqrt{\frac{h}{2K_bD}}-\sqrt{\frac{h}{2(K_b+K_v)D}}\right)，$$ 此时零售商的订货量为 Q_j^*，供应链实现整体成本最小化。

4.3.2　易腐物品供应链的商业信用协调机制

在基本模型的分析中,我们假设产品可以无限存储,即物品不会腐烂或损耗。然而实践中,易腐物品(perishable products)普遍存在,如水果、蔬菜、海鲜等。这类产品在存储过程中会发生腐烂、性能衰退和分解。易变质物品在现实生活中非常普遍,对这些物品库存管理若有不善就会产生大量的经济损失,并会对食品安全带来威胁。因此,易变质品的库存管理问题得到了学术界长期关注,成为库存研究领域中的一棵"常青树"。

有关易变质物品库存的研究最早出现于 1957 年(Whitin,1957),而 Nahmias(1982),Raafat(1991),Goyal(2001)对该领域的研究进行了详细的综述,近年来这方面的研究文献也不断涌现。然而这些研究多以单个企业的最优库存策略为研究对象,较少考虑供应链库存的协作优化问题。而有关供应链库存协作控制问题的研究又较少考虑物品的变质因素,因此易变质品供应链协调问题的研究是需要进一步研究的领域。此外,由于正常物品可视为变质率为零的一类特殊易变质品,因此,分析易变质品供应链库存协作问题将扩展供应链协作控制的研究,具有较高的理论及实践价值。

本节将产品的易腐特性引入模型分析,研究持续腐烂的易变质品供应链的商业信用协调机制。本节与上节的模型假设类似,不同点在于产品具有指数形式的衰减率,即产品持续变质,变质率为 λ。此时,零售商的库存水平变化如图 4 - 4 所示。

根据 Ghare & Schrader(1963)提出的具有指数衰减率的库存模型:

$$\frac{dI(l)}{dl} = -\lambda I(l) - D, \ I(L) = 0 \qquad (4 - 14)$$

为与商业信用的延迟时间相区分,这里以 l 表示时间变量,L 为补货周期。解上述微分方程得任一时点零售商的库存水平为

$$I(l) = \frac{D}{\lambda} [e^{\lambda(L-l)} - 1], \ 0 \leqslant l \leqslant L \qquad (4 - 15)$$

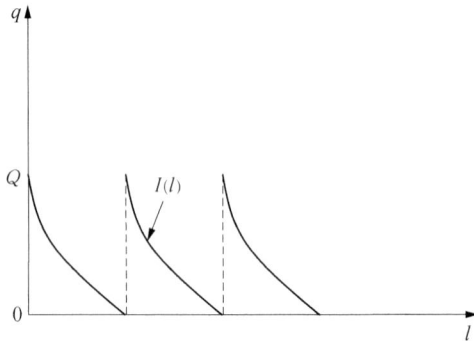

图 4 - 4 零售商库存随时间变化

零售商的订购批量即为 0 时刻的库存水平,即

$$Q = I(0) = \frac{D}{\lambda}(e^{\lambda L} - 1) \qquad (4 - 16)$$

因此,定购量 Q 与定购周期 L 存在着确定的一一对应关系,以定购周期而非定购量作为决策变量将简化问题的分析,故本节余下部分将以定货周期为决策变量。

易得零售商的单位时间总成本如下:

$$TC_b(L) = \frac{Dw(e^{\lambda L} - 1)}{\lambda L} + \frac{K_b}{L} + \frac{hD(e^{\lambda L} - \lambda L - 1)}{\lambda^2 L}$$

$$(4 - 17)$$

等式右边三项分别为购买成本、订货成本和库存持有成本。对上式求解最优解时存在着一定的难度,本书借鉴 Hwang & Shinn (1997)的处理方式,将指数函数进行泰勒展开,并取前三项,即

$$e^{\lambda L} \approx 1 + \lambda L + \frac{1}{2}\lambda^2 L^2 \qquad (4 - 18)$$

这一简化在 λL 取较小值时对结果的影响可以忽略。

则零售商单位时间的总成本可简化为

$$TC_b(L) = Dw + \frac{1}{2}DL(\lambda w + h) + \frac{K_b}{L}。 \qquad (4-19)$$

易得零售商的最优订货周期为 $L_b = \sqrt{\dfrac{2K_b}{D(\lambda w + h)}}$。对应的最

优订货量及最低成本分别为 $Q_b = \dfrac{D}{\lambda}(e^{\lambda L_b} - 1)$；$TC_b = Dw +$

$\sqrt{2K_b D(\lambda W + h)}$。

在批量对批量的供货假设下，整个供应链单位时间的总成本为

$$TC_c(L) = DC + \frac{1}{2}DL(\lambda C + h) + \frac{K_b + K_v}{L}。 \qquad (4-20)$$

系统最优采购周期为：$L_c = \sqrt{\dfrac{2(K_b + K_v)}{D(\lambda C + h)}}$，此时对应的采购量为

$Q_c = \dfrac{D}{\lambda}(e^{\lambda L_c} - 1)$。显然 $L_c > L_b$，即分散决策时零售商的采购周期

低于系统最优的采购周期，对应的采购批量也低于最优的采购批

量，这与正常品的分析相同。与上一节的分析类似，仍然以商业信

用作为协调机制，进而可得出商业信用长度的取值范围：

$$t_b \leqslant t \leqslant t_v。 \qquad (4-21)$$

式中，$t_b = \dfrac{1}{DwI_b}\left[\dfrac{1}{2}DT_c(\lambda w + h) + \dfrac{K_b}{T_c} - \sqrt{2K_b D(\lambda w + h)}\right]$；$t_v =$

$\dfrac{K_v}{DwI_b}\left(\dfrac{1}{T_b} - \dfrac{1}{T_c}\right)$。则最终的商业信用长度为 $t = t_v B + (1 - B)t_b$。

4.3.3　需求与库存水平相关时的商业信用协调机制

实践中产品的需求往往与产品的库存存在着密切的关系：大

量展示的商品，往往能够增加产品的可见性、刺激潜在的需求。对

于价格适中的新产品，如消费电子产品、玩具等，这种库存对需求的

刺激作用表现的最为突出。对这一现象的最新实证研究可参见 Koschat(2008)。此外,现实中供应商与零售商间的供货策略很少采用"批量对批量"的模式,更为普遍的是供应商一次生产或者采购零售商采购量的若干倍以降低生产准备成本或者库存订购成本。假设供应商的采购量为零售商的 n 倍,$n \geqslant 1$ 且为整数,并令零售商和供应商的库存持有成本分别为 h_b, h_v。

参照 Giri & Chaudhuri(1998)、Zhou & Yang(2003)等文献,假设需求与库存水平相关,且满足 $D = \alpha I_b(t) + \beta$。则当 $\alpha = 0$ 时,需求即成为不与库存水平相关的固定量,因此需求固定时的供应链仅仅是本节的特列。在上述假设下,供应链双方的库存水平变化如图 4-5 所示。

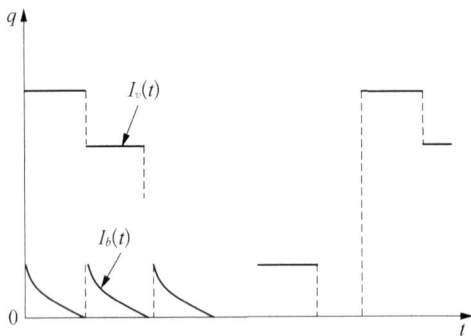

图 4-5　零售商与供应商库存随时间变化

此时,对零售商而言,其库存的变化可由下式描述:

$$\frac{dI_b(l)}{dl} = -\alpha I_b(l) - \beta, \ I_b(L) = 0 \qquad (4-22)$$

在这里,当产品的需求依赖于库存水平时,零售商的库存水平的变化规律在形式上与易腐物品类似。但是两者却有着本质的区别,易腐物品库存的消耗是由于需求和腐烂变质造成的,而库存对终端需求有刺激作用的产品,其库存的消耗则完全是需求所致。此外,因腐烂导致的库存消耗会增加企业成本,而由于库存的激励作用导致的库存消耗则会增加企业的收入。

解上述微分方程得任一时点零售商的库存水平为

$$I_b(l) = \frac{\beta}{\alpha}\left[e^{\alpha(L-l)} - 1\right] \quad 0 \leqslant l \leqslant L \qquad (4-23)$$

$$Q = I_b(0) = \frac{\beta}{\alpha}(e^{\alpha L} - 1) \qquad (4-24)$$

则可得零售商单位时间的总利润为

$$\Pi_b(T) = \frac{1}{L}\left[(p-w)Q - K_b - h_b\int_0^L I_b(l)dl\right]$$

$$= \frac{1}{L}\left[\frac{(p-w)\beta(e^{\alpha L} - 1)}{\alpha} - \frac{h_b\beta(e^{\alpha L} - \alpha L - 1)}{\alpha^2} - K_b\right]$$

$$(4-25)$$

对上式求最优解时存在着一定的难度,为方便分析,将指数函数进行泰勒展开,并取前三项,即 $e^{\alpha L} \approx 1 + \alpha L + \frac{1}{2}\alpha^2 L^2$。则零售商单位时间总利润转化为

$$\Pi_b(L) = \frac{1}{2}\left[(p-w)\alpha - h_b\right]L\beta + (p-w)\beta - \frac{K_b}{L}$$

$$(4-26)$$

进而有,一阶条件: $L_b^* = \sqrt{\dfrac{2K_b}{\beta(h_b - p\alpha + w\alpha)}}$;二阶条件: $\dfrac{\partial^2\Pi_b}{\partial L^2} = -\dfrac{2K_b}{L^3} < 0$,所以 L_b^* 是 $\Pi_b(T)$ 取得最大值时的解,为零售商的最优订货周期。此时,对应的最优采购批量为 $Q_b^* = \dfrac{\beta}{\alpha}(e^{L_b^*} - 1)$。

由文献 Lee & Rosenblat(1986)可知,给定零售商的采购批量为 Q,供应商采购批量为 nQ 时,供应商的平均库存水平为 $\dfrac{n-1}{2}Q$,

则此时供应商的单位时间总利润为

$$\Pi_v(L) = \frac{1}{nL}\big[(w-c)nQ - K_v\big] - \frac{n-1}{2}h_v Q \quad (4-27)$$

将 $L = L_b^*$ 代入上式可得

$$\Pi_v(L_b^*) = \frac{1}{nL_b^*}\big[(w-c)nQ_b^* - K_v\big] - \frac{n-1}{2}h_v Q_b^* \quad (4-28)$$

当 n 为连续型变量时有 $\dfrac{\partial^2 \Pi_b}{\partial n^2} = -\dfrac{2K_v}{n^3 L} < 0$，即供应商利润函数为的凹函数。因此，在 n 为离散型变量时，可以通过边际分析法求得供应商最优的 n^*。即

$$\Pi_v(n^*) \geqslant \text{Max}\{\Pi_v(n^*+1),\ \Pi_v(n^*-1)\} \quad (4-29)$$

而对于整个供应链而言，其单位时间的总利润为(将 Π_v 与 Π_b 相加)

$$\Pi_j(L) = \frac{1}{L}\left[(p-c)Q - K_b - h_b\int_0^L I_b(l)dl - \frac{K_v}{n}\right] \\ - \frac{n-1}{2}h_v Q \quad (4-30)$$

再次应用泰勒展开式，可将上式简化为

$$\Pi_j(L) = \frac{1}{2}\big[(p-c)\alpha - h_b\big]L\beta + (p-c)\beta \\ - \frac{K_b}{L} - \frac{K_v}{nL} - \frac{n-1}{2}h_v\beta L \quad (4-31)$$

对于任一给定的 n，$\dfrac{\partial^2 \Pi_j}{\partial L^2} = -\dfrac{2}{L^3}\left(K_b + \dfrac{K_v}{n}\right) < 0$，即目标函数为 L 的凹函数，所以系统最优的采购周期满足：$\dfrac{\partial \Pi_j}{\partial L} = \dfrac{1}{2}\big[(p-c)\alpha - h_b\big]\beta + \dfrac{1}{L^2}\left(K_b + \dfrac{K_v}{n}\right) - \dfrac{n-1}{2}h_v\beta = 0$，进而可得最优的采购周期为

$$L_j^* = \sqrt{\frac{2(K_b + K_v/n)}{\beta\left[h_b + \dfrac{n-1}{2}h_v + (c-p)\alpha\right]}} \qquad (4-32)$$

对应的采购量为 $Q_j^* = \dfrac{\beta}{\alpha}(e^{L_j^*} - 1)$。

取消 n 为整数的假设时,对于给定的 T 有:$\dfrac{\partial^2 \Pi_j}{\partial n^2} = -\dfrac{2K_v}{n^3 L} < 0$,即目标函数也为 n 的凹函数。所以当 n 为整数时,可以采用边际分析法求得的最优值 n_j^*,满足:

$$\Pi_v(n_j^*) \geqslant \text{Max}\{\Pi_v(n_j^* + 1), \Pi_v(n_j^* - 1)\} \qquad (4-33)$$

因此,此时系统最优的采购周期 L_j^* 不同于零售商的采购周期 L_b^*。为激励零售商将采购周期变为 L_j^*,供应商向零售商提供商业信用协调机制。此时商业信用的长度 t 应满足:

$$\begin{cases} \Pi_b(L_j^*, t) \geqslant \Pi_b(L_b^*) \\ \Pi_v(n_j^*, L_j^*, t) \geqslant \Pi_v(n^*, L_b^*) \end{cases} \qquad (4-34)$$

即使得零售商和供应商在供应链协调后的利润不小于协调前的利润。上述不等式为

$$\begin{cases} \dfrac{1}{L_j^*}\left[(p-w)Q_j^* - K_b - h_b\displaystyle\int_0^{L_j^*} I_b(l)dl + wQ_j^* I_b t\right] \\ \quad \geqslant \dfrac{1}{L_b^*}\left[(p-w)Q_b^* - K_b - h_b\displaystyle\int_0^{L_b^*} I_b(l)dl\right] \\ \dfrac{1}{n_j^* L_j^*}\left[(w-c)n_j^* Q_j^* - K_v - n_j^* wQ_j^* I_v t\right] - \dfrac{n_j^* - 1}{2}h_v Q_j^* \\ \quad \geqslant \dfrac{1}{n^* L_b^*}\left[(w-c)n^* Q_b^* - K_v\right] - \dfrac{n^* - 1}{2}h_v Q_b^* \end{cases}$$

求解上述不等式可得:

$$t \geqslant \frac{1}{wI_b\beta\left(1+\dfrac{1}{2}\alpha L_j^*\right)}\left\{\frac{1}{2}\big[(p-w)\alpha-h_b\big]\beta(L_b^*-L_j^*)\right.$$

$$\left.+\left[\frac{1}{L_j^*}-\frac{1}{L_b^*}\right]K_b\right\}$$

$$t \leqslant \frac{1}{wI_v\beta\left(1+\dfrac{1}{2}\alpha L_j^*\right)}\left[\frac{1}{2}(w-c)\alpha\beta(L_j^*-L_b^*)\right.$$

$$\left.+\left[\frac{1}{n^*L_b^*}-\frac{1}{n_j^*L_j^*}\right]K_v+h_v\beta\left(\frac{n^*-1}{2}L_b^*-\frac{n_j^*-1}{2}L_j^*\right)\right]$$

令上述不等式确定的 t 的取值上下限为分别为 $\underline{t}$ 和 $\bar{t}$，则最终的商业信用满足：$t=\bar{t}B+(1-B)\underline{t}$。

总结上述结论有命题 4 - 2：

命题 4 - 2： 当产品需求与库存水平相关，且供应商采用更一般的供货模式时，供应商最优的采购批量为零售商采购批量的 n_j^* 倍，n_j^* 满足 $\Pi_v(n^*) \geqslant Max\{\Pi_v(n^*+1),\Pi_v(n^*-1)\}$；而协调供应链的商业信用长度为 $t=\bar{t}B+(1-B)\underline{t}$，其中，$\underline{t}=$

$$\frac{1}{wI_b\beta\left(1+\dfrac{1}{2}\alpha L_j^*\right)}\left\{\frac{1}{2}\big[(p-w)\alpha-h_b\big]\beta(L_b^*-L_j^*)+\left(\frac{1}{L_j^*}-\right.\right.$$

$$\left.\left.\frac{1}{L_b^*}\right)K_b\right\},\ \bar{t}=\frac{1}{wI_v\beta\left(1+\dfrac{1}{2}\alpha L_j^*\right)}\left[\frac{1}{2}(w-c)\alpha\beta(L_j^*-L_b^*)+\right.$$

$$\left.\left(\frac{1}{n^*L_b^*}-\frac{1}{n_j^*L_j^*}\right)K_v+h_v\beta\left(\frac{n^*-1}{2}L_b^*-\frac{n_j^*-1}{2}L_j^*\right)\right]。$$

4.3.4　数值分析

数值分析的目的有两个，其一是分析零售商资金成本取不同值时，各决策变量的取值；其二是阐明 4.3.3 节给出的求解方法的可操作性。各参数取值设定如下(时间单位取为"年"):$D = 10\,000$; $\alpha = 0.5$; $\beta = 10\,000$; $h_b = 80$; $h_v = 30$; $K_b = 1\,000$; $K_v = 5\,000$; $I_v = 0.2$; $p = 100$; $w = 80$; $c = 60$; $B = 0.5$。 则均衡的商业信用长度为 $t = 0.5t_v + 0.5t_b$。 在基本模型中,各决策变量及成本减少比率随 I_b 的变化如下表所示(延期时间以"天"为单位)。

表 4-5　不同 I_b 下的决策变量取值及成本节约百分比

I_b	Q_b^*	Q_j^*	t_b	t_v	t	$\Delta TC_j / \%$
0.1	500	1 225	78	135	106.5	13
0.15	500	1 225	52	135	93.5	23
0.2	500	1 225	39	135	87	30
0.25	500	1 225	31	135	83	37
0.3	500	1 225	26	135	80.5	43
0.35	500	1 225	22	135	78.5	48

　　表 4-5 的数据表明当终端需求固定且供应商采用批量对批量的供货模式向零售商供货时,随着零售商投资收益率 I_b 的增加,零售商可接受的最短商业信用缩短,均衡时的商业信用长度也减小,而整个供应链总成本的减少量增加,即供应链协调的收益增加。

　　当取消"批量对批量"的供应模式假设,且需求与库存水平相关时,n^*, n_j^* 及商业信用长度的取值如表 4-6 所示(这里取 $I_b = I_v = 0.1$)。

表 4-6　需求与库存相关时各决策变量取值表

n	T_b^*	T_j^*	$\Pi_v(T_b^*)$	$\Pi_j(T_j^*)$	$\underline{t}$	$\bar{t}$	t
1	20	52	109 131	315 147			
2	20	35	147 884	*320 297*			
3	20	28	**155 456**	319 171			
4	20	24	155 234	316 532	11	20	15.5
5	20	21	151 893	313 397			
6	20	19	146 993	310 100			

由表 4-6 可知当不存在协调机制,即供应商与零售商单独决策时,供应商的采购周期为 T_b^*,此时 $n^* = 3$,即供应商的采购批量为零售商的 3 倍。在协作决策的供应链中,$n_j^* = 2$,即供应商的采购批量为零售商的 2 倍,而且此时零售商的采购周期为 T_j^*。此时商业信用的取值范围为 $11 \leqslant t \leqslant 20$,当 $B = 0.5$ 时,$t = 15.5$。

4.4 本章小结

实践中,普遍存在的商业信用政策具有协调供应链的作用,这一现象在以往的研究中并未得到足够的重视,已有的研究多将商业信用作为外生的给定量,分析给定商业信用政策时的库存决策。近年来开始有学者从供应链管理的视角重新审视商业信用的作用,并提出以商业信用作为供应链协调的手段,然而商业信用对企业库存管理的影响尚未得到实证的检验,而且已有的以商业信用作为供应链协调手段的研究文献尚处于起步阶段,仍有大量的问题未得到关注。本章即针对这些不足,首先以实证的方法检验了商业信用对企业库存决策的影响,证明了实践中供应商的商业信用能够有效的提升购货企业的采购批量,进而为将商业信用设为供应链协调机制提供了实证支持。随后分析了,如何设置商业信用以协调易腐物品供应链以及当需求依赖于库存时的供应链。

在实证分析中,本章以中国汽车行业的上市公司为样本,收集这些公司的财务报表数据,以企业的库存天数为因变量,以应付款天数为自变量,同时将毛利率、贷款利率和通货膨胀率作为控制变量,通过回归的方法检验了库存天数与应付款天数间的相关关系。实证的结论表明企业库存天数与企业应付款天数显著正相关,证明了企业获得的商业信用与企业的采购批量间的正相关关系,为将商业信用作为供应链协调机制提供了实证支持。

鉴于商业信用协调供应链的可行性,本章进一步的分析了确定性需求下当产品为易腐物品和需求依赖于库存量时供应链的协调问题,给出了协调供应链的商业信用以及上下游企业的谈判能力对最终的商业信用长度的影响。研究结论表明在完全信息下,无论是固定的需求还是依赖于库存水平的需求,无论是正常物品还是易腐物品,商业信用协调机制均能协调供应链。

第 5 章　不完全信息下的供应链商业信用协调机制

5.1　引言

在上一章的分析中,我们证明了商业信用对企业库存的激励作用,并据此分析了如何以商业信用协调供应链。然而在上述的模型研究中,信息不完全问题并未得到关注,完全信息作为一个隐含的假设出现在模型的分析中,即我们一直假设供应链上的交易双方对设计商业信用所需要的参数具有完全的信息。然而完全信息是比较理想的状态,在实践中并不常见,尤其是在商业环境迅速变化的新兴行业,上下游企业对彼此信息的不完全掌握反而更符合实际。因此,不完全信息对供应链管理的影响是企业运营中必须考虑的重要问题,而这一问题也得到了学术界的密切关注,有关不完全信息下的供应链管理与供应链协调问题也得到了大量的研究。

Ha(1997)分析了当面临随机需求的零售商不知道制造商的制造成本大小时,零售商最优的库存决策,研究的结论表明此时零售商的采购批量并不是供应链最优的采购批量。Cachon & Lariviere (1999)则分析了当供应商向多个零售商分配有限的库存时,当供应商不知道零售商的库存水平时,供应商如何确定最优的分配机制。研究的结论表明,在某些分配机制下零售商会增加其采购批量,然而此时的信息不对称却会增加整个供应链的绩效。

Corbett & Groote(2000)借鉴了不完全信息下的动态博弈模

型即信号甄别模型(screening game)分析了处于信息劣势的供应商如何设置最优的数量折扣合同以实现自身成本的最小化。在不完全信息时,制造商并不知道零售商库存持有成本的具体取值,仅对这一参数的分布及取值范围具有先验的知识。制造商根据自身所掌握的信息设计数量折扣合同,进而实现自身成本的最小化。此文的研究表明,与完全信息时的数量折扣合同不同,在不完全信息下供应商设置的是一个合同"菜单",即向下游企业提供一系列的合同供其选择。最终的结论表明,在不完全信息下供应链未能实现协调,而下游购货企业则由于信息优势而获得比完全信息时更多的收益,即信息租(information rent),尽管不完全信息时的数量折扣合同并不能协调供应链,但此时供应链仍旧比不提供数量折扣时实现更低的成本,因此数量折扣合同在此背景下仍旧有意义。

与上文的基于 EOQ 模型的研究不同,Corbett(2001)进一步在随机需求背景下分析了当零售商对供应商的订货成本信息不对称时,如何设置最优的菜单合同问题,并指出了寄货销售(consignment)对减小信息不对称的作用;随后论文进一步从供应商的视角分析当供应商不能观察到零售商的再订购成本(backorder cost)时,如何设置最优的供应链合同。

此外,在供应链管理领域研究信息不对称下供应链协调问题的文献还包括:Sucky(2006),赵泉午等人(2005),唐宏祥等人(2004)等。李善良(2005)对相关的文献进行了系统的总结,并全面地分析了信息不对称时供应链管理问题。

尽管信息不完全背景下的供应链管理问题得到了学术界较多的关注,然而仍旧存在着较多尚未研究的课题。首先是尚未有文献分析以商业信用协调供应链时,信息不完全对商业信用协调机制的影响;其次,已有的研究无论是基于信号传递或者信号甄别的模型,往往只假设单方面的信息不完全,即某一方具有信息优势,而实践中双边的信息不完全往往更为普遍,而双边不完全信息时的供应链协调问题并未得到应有的关注。本章即针对这些问题分别分析单边信息不完全和双边信息不完全时商业信用对供应链的协调。

5.2　单边不完全信息时的供应链商业信用协调机制

5.2.1　模型构建与求解

本节首先分析当制造商对零售商的资金成本信息不完全掌握时,制造商最优的菜单合同。参照上一章的基本模型(4.3.1 节的模型),考虑比较简单的单个制造商与单个零售商组成的二级供应链,其中,零售商根据 EOQ 模型确定订货量,双方采用"批量对批量"(lot-for-lot)的供货模式,主要的符号及含义如表 5‑1 所示。

表 5‑1　符号及其含义

符　号	含　义	符　号	含　义
K_b	零售商每次订货成本	h'	零售商库存直接成本(不含资金成本)
K_v	供应商每次订货成本	w	零售商的采购价格
Q	订货批量	$I_b I_v$	零售商、制造商的资金成本
D	单位时间需求量	T	延期付款长度
h	零售商库存持有成本	$TC_i(\cdot)$	总成本函数

在分散决策的供应链中,由 EOQ 模型可知零售商单位时间的总成本为

$$TC_b(Q) = \frac{DK_b}{Q} + \frac{hQ}{2} \qquad (5-1)$$

进而可得最优的采购批量:

$$Q_b^* = \sqrt{2DK_b/h} \qquad (5-2)$$

从供应链的角度看,供应链的总成本为

$$TC_j(Q) = \frac{D(K_v + K_b)}{Q} + \frac{hQ}{2} \qquad (5-3)$$

供应链整体最优的订购量为

$$Q_j^* = \sqrt{2D(K_b + K_v)/h} \qquad (5-4)$$

对比供应链最优的采购批量和零售商最优的采购批量,显然有 $Q_j^* > Q_b^*$,即供应链未能实现协调。为协调供应链,制造商以商业信用作为协调机制。当制造商允许延迟支付时,延迟支付的时间应满足:

$$TC_b(t, Q_j^*) \leqslant TC_b(Q_b^*) \qquad (5-5)$$

$$TC_v(t, Q_j^*) \leqslant TC_v(Q_b^*) \qquad (5-6)$$

即零售商的采购量即为供应链最优的采购量 Q_j^* 时其成本不能大于其采购 Q_b^* 时的成本,同时制造商的成本必须小于供应链协调前的成本。

而最终的延期付款的期限为

$$t = t_v B + (1-B)t_b。 \qquad (5-7)$$

式中,$t_b = \dfrac{1}{wDI_b}\left[\sqrt{\dfrac{(K_b + K_v)hD}{2}} + K_b\sqrt{\dfrac{hD}{2(K_b + K_v)}} - \sqrt{2K_bDh}\right]$;

$t_v = \dfrac{K_v}{wI_v}\left[\sqrt{\dfrac{h}{2K_bD}} - \sqrt{\dfrac{h}{2(K_b + K_v)D}}\right]。$

假设制造商处于供应链的主导地位,即 $B=0$(其他情况时的分析与这一情况类似),制造商能够选择延迟支付时间最短的商业信用 t_b,这一长度包含了零售商的资金成本参数 I_b,实践中这一参数往往是零售商的私人信息,其具体取值并不为制造商所知,即存在着信息不对称又称信息不完全。而零售商的资金成本信息却是供应商设计商业信用合同时所必需的信息,当制造商和零售商之间对这一成本信息出现不对称时,零售商就有动机伪装成低成本的企业,进而要求制造商延长商业信用的长度,进而获得额外的收益。此时,处于信息劣势的制造商却可以通过设置"菜单合同"来实现期望收益的最大化或者期望成本的最小化。在博弈论中,双方的这一博弈又称为"信号甄别博弈"(screening)。

在本节中,借鉴 Laffont & Martimort(2002)给出的模型,分析制造商如何设置最优的菜单合同。假设 $I_b \in [\underline{I_b}, \overline{I_b}]$,其分布函数 $F(I_b)$,概率密度 $f(I_b)$ 为制造商所知,而具体取值为零售商的私人信息。与完全信息时提供单一的商业信用政策不同,制造商此时会提供一组菜单合同 $\{Q(I_b), T(Q_b)\}$ 供零售商选择,其中菜单合同为零售商成本类型 I_b 的函数。

制造商与零售商的博弈顺序如下:

(1)制造商提菜单合同 $\{Q(I_b), T(Q_b)\}$。

(2)成本类型为 I_b 的零售商选择合同 $\{Q(\widetilde{I_b}), T(\widetilde{Q_b})\}$,零售商通过合同选择宣布自己的成本类型为 $\widetilde{I_b}$。

(3)零售商根据选择的合同,进行采购并获得商业信用。

根据显示原理,制造商的最优菜单合同可以通过如下规划问题求出(其中 $\widetilde{Q}$ 表示 $Q(\widetilde{I_b})$;$\{Q, T(Q)\}$ 表示 $\{Q(I_b), T(Q(I_b))\}$,$E(\cdot)$ 为期望算子):

$$\min_{\{Q, T(Q)\}} E(TC_v) = \int_{\underline{I_b}}^{\overline{I_b}} \left[K_v \frac{D}{Q} + wDI_v T \right] f(I_b) dI_b$$

$$(5-8)$$

$$s.t. \begin{cases} IC: K_b \frac{D}{Q} + \frac{(h' + wI_b)Q}{2} - wDI_b T \\ \quad \leqslant K_b \frac{D}{\widetilde{Q}} + \frac{(h' + wI_b)\widetilde{Q}}{2} - wDI_b \widetilde{T} \\ IR: K_b \frac{D}{Q} + \frac{(h' + wI_b)Q}{2} - wDI_b T \leqslant TC_b^+ \end{cases}$$

式中,IC 表示激励相容约束,说明零售商会选择成本最小化的菜单合同;IR 表示个人理性约束,说明零售商在协调后的成本要小于可接受的最高成本 TC_b^+。求解上述规划问题可得如下的命题:

命题 5-1: 当零售商对其资本成本具有私人信息,且相关参数满足 $\dfrac{2K_vI_b}{I_v-\dfrac{F(I_b)}{f(I_b)}}\geqslant K_b$ 时,制造商的最优菜单合同为

$$T=\frac{1}{2wDI_b}\left[\frac{(h'+wI_b)Q}{2}+\frac{K_bD}{Q}\right]-\frac{TC_b^+}{wDI_b},$$

$$Q=\sqrt{\frac{2K_vDI_b+2K_bD\left[I_v-\dfrac{F(I_b)}{f(I_b)}\right]}{h'I_b\left[I_v-\dfrac{F(I_b)}{f(I_b)}\right]+I_bI_vw}}$$

证明:

首先假设单调风险率(reversed hazard rate)条件成立,即 $\dfrac{d}{dh}\left(\dfrac{F(h)}{f(h)}\right)\geqslant 0$,该假设的目的是为了获得纯战略纳什均衡。许多常见分布如正态分布、平均分布、logistic 分布、卡方分布和指数分布均满足此假设。

令 $U(I_b)=\dfrac{K_bD}{Q}+\dfrac{1}{2}Q(wI_b+h')-wDI_bT$,其为零售商的成本,同时 $U(\widetilde{I}_b)=\dfrac{K_bD}{\widetilde{Q}}+\dfrac{\widetilde{Q}}{2}(wI_b+h')-wDI_b\widetilde{T}$。则激励相容约束即等同于: $\left.\dfrac{\partial U}{\partial \widetilde{I}_b}\right|_{\widetilde{I}_b=I_b}=0$,$\left.\dfrac{\partial^2 U}{\partial \widetilde{I}_b^2}\right|_{\widetilde{I}_b=I_b}\geqslant 0$,即零售商"说真话"时的成本最小。因此第一个约束条件等同于:

一阶条件:

$$K_b\frac{D\dot{Q}}{Q^2}-\frac{(h'+wI_b)\dot{Q}}{2}+wDI_b\dot{T}=0 \qquad (5-9)$$

二阶条件:

$$\frac{\partial}{\partial \tilde{I}_b}(\partial U(\tilde{I}_b)/\partial \tilde{I}_b)\bigg|_{\tilde{I}_b=I_b} \geqslant 0 \qquad (5-10)$$

式中,$\dot{Q}$ 表示 $Q(I_b)$ 对 I_b 的一阶导,$\dot{T}$ 的含义类似。

对一阶条件的方程两边对 I_b 求导并将结果代入二阶条件,即可将二阶条件简化为

$$wD\dot{T}(I_b) - \frac{w\dot{Q}}{2} \geqslant 0 \qquad (5-11)$$

再将 $U(I_b)$ 对 I_b 求导可得:

$$\dot{U}(I_b) = -K_b\frac{D\dot{Q}}{Q^2} + \frac{(h' + wI_b)\dot{Q} + wQ}{2} \qquad (5-12)$$
$$- wDI_b\dot{T} - wDT\text{。}$$

将式(5-9)代入式(5-12),式(5-12)可简化为

$$\dot{U}(I_b) = \frac{wQ}{2} - wDT\text{。} \qquad (5-13)$$

至此,原规划问题可简化为

$$\operatorname*{Min}_{\langle Q,\ T(Q)\rangle} E(TC_v) = \int_{\underline{I_b}}^{\overline{I_b}}\Bigg[(K_v + K_v)\frac{D}{Q}$$
$$+ wD(I_v - I_b)\frac{Q}{2} - U(I_b)\Bigg]f(I_b)dI_b\text{。}$$

$$\qquad (5-14)$$

$$s.t.\begin{cases} wD\dot{T}(I_b) - \dfrac{w\dot{Q}}{2} \geqslant 0 \\[2mm] \dot{U}(I_b) = \dfrac{wQ}{2} - wDT \\[2mm] U \leqslant TC_b^+ \end{cases}$$

第二个约束条件又可以写为 $U(I_b) = U(\overline{I_b}) - \int_{I_b}^{\overline{I_b}} \left(\dfrac{wQ}{2} - wDT \right) dI_b$。 显然，目标函数是 $U(I_b)$ 的减函数，因此目标函数取得最大值时，下述方程必然成立：

$$U(\overline{I_b}) = TC_b^+ \tag{5-15}$$

进而可以将原有的约束条件简化为

$$\begin{cases} wD\dot{T}(I_b) - \dfrac{w\dot{Q}}{2} \geqslant 0 \\ U(I_b) = TC_b^+ - \displaystyle\int_{I_b}^{\overline{I_b}} \left(\dfrac{wQ}{2} - wDT \right) dI_b \end{cases} \tag{5-16}$$

因此，原有的规划问题转化为

$$\underset{\{Q,\ T(Q)\}}{\mathrm{Min}}\ E(TC_v) = \int_{\underline{I_b}}^{\overline{I_b}} \Bigg[(K_v + K_b) \dfrac{D}{Q} + wD(I_v - I_b) \dfrac{Q}{2} - U(I_b) \Bigg] f(I_b) dI_b。 \tag{5-17}$$

$$s.t. \begin{cases} wD\dot{T}(I_b) - \dfrac{w\dot{Q}}{2} \geqslant 0 \\ U(I_b) = TC_b^+ - \displaystyle\int_{I_b}^{\overline{I_b}} \left(\dfrac{wQ}{2} - wDT \right) dI_b \end{cases}$$

将第二个约束条件代入目标函数，并暂时忽略第一个约束条件，可以将上述约束问题转化为如下的非约束最优化问题。

$$\underset{\{Q,\ T(Q)\}}{\mathrm{Min}}\ E(TC_v) = \int_{\underline{I_b}}^{\overline{I_b}} \Bigg[(K_v + K_b) \dfrac{D}{Q} + wD(I_v - I_b) \dfrac{T}{2} + \dfrac{(h' + wI_b)Q}{2}$$

$$+ \left(\dfrac{wQ}{2} - wDT \right) \dfrac{F(I_b)}{f(I_b)} \Bigg] f(I_b) dI_b - TC_b^+。$$

上述最优化问题的一阶条件为

$$\frac{\partial E(TC_v)}{\partial Q}=0 \qquad (5-18)$$

也即

$$-\frac{D(K_v+K_b)}{Q^2}+wD(I_v-I_b)\frac{dT}{dQ}+\frac{(h'+wI_b)}{2}$$

$$+\left(\frac{w}{2}-wD\frac{dT}{dQ}\right)\frac{F(I_b)}{f(I_b)}=0。$$

$$(5-19)$$

再由一阶条件 $K_b\dfrac{D\dot{Q}}{Q^2}-\dfrac{(h'+wI_b)\dot{Q}}{2}+wDI_b\dot{T}=0$ 可得:

$$\frac{dT}{dQ}=\frac{1}{wDI_b}\left[\frac{h'+wI_b}{2}-\frac{K_bD}{Q^2}\right] \qquad (5-20)$$

将式(5-20)代入式(5-19)可得最优的订货批量为

$$Q=\sqrt{\frac{2K_vDI_b+2K_bD\left[I_v-\dfrac{F(I_b)}{f(I_b)}\right]}{h'I_b\left[I_v-\dfrac{F(I_b)}{f(I_b)}\right]+I_bI_vw}} \qquad (5-21)$$

求解微分方程可得

$$T=\frac{1}{wDI_b}\left[\frac{(h'+wI_b)Q}{2}+\frac{K_bD}{Q}\right]+C_0 \qquad (5-22)$$

将式(5-21)和(5-22)代入式(5-15)可得:

$$C_0=\frac{TC_b^+}{wDI_b}。 \qquad (5-23)$$

至此,忽略的约束条件 $wD\dot{T}(I_b)-\dfrac{w\dot{Q}}{2}\geqslant 0$ 等同于:

$$\frac{dT}{dQ} \geqslant \frac{1}{2D} \qquad (5-24)$$

将式(5-20)与式(5-24)联立可得：

$$\frac{2K_v I_b}{I_v - \dfrac{F(I_b)}{f(I_b)}} \geqslant K_b \qquad (5-25)$$

所以,当相关参数满足不等式(5-25)时,可得制造商的最优菜单合同：

$$Q = \sqrt{\frac{2K_v D I_b + 2K_b D \left[I_v - \dfrac{F(I_b)}{f(I_b)} \right]}{h' I_b \left[I_v - \dfrac{F(I_b)}{f(I_b)} \right] + I_b I_v w}} \qquad (5-26)$$

$$T = \frac{1}{wDI_b} \left[\frac{(h' + wI_b)Q}{2} + \frac{K_b D}{Q} \right] - \frac{TC_b^+}{wDI_b} \qquad (5-27)$$

证毕。

5.2.2　数值分析

为验证上述结论,给出如下的数值算例。在不完全信息下,设置如下的参数：$D = 1\,000$, $w = 400$, $h' = 100$, $TC_b^+ = 18\,974$ 为零售商可以接受的最高成本,也是当 $K_b = 600$ 且 $I_b = 0.25$ 时零售商的成本取值。此外,假设 I_b 均匀分布在区间 $[0.1, 0.3]$ 上,进而有 $F(I_b) = \dfrac{I_b - 0.1}{0.2}$, $f(I_b) = \dfrac{1}{0.2}$, $\dfrac{F(I_b)}{f(I_b)} = I_b - 0.1$, 在上述参数取值和假设条件下,可得如表 5-2 所示的不同参数取值时的商业信用长度及其最优的库存采购批量,该表包括了完全信息时供应链的协调情况。

由表 5-2 可以得出如下结论：

（1）不完全信息时的供应链成本节约比例低于不存在信息不对称时的取值，原因在于不完全信息时整个供应链未能取得协调，成本未处于最低值。尽管如此不完全信息时通过设置商业信用协调机制，供应链成本的节约仍旧大于零，即此时仍有协调供应链的必要。

（2）制造商的订货成本与零售商的订货成本相差越大，则供应链成本的节约越大，此时供应链协调的收益也越大，这与前人的研究结论相符。

（3）在完全信息下，制造商的资金成本相对于零售商的资金成本越高则供应链协调的收益越小，而在信息不完全时这一结论刚好相反。

表 5-2　单边不完全信息时的供应链协调结果

参　数　取　值				完　全　信　息				不完全信息		
K_b	K_v	I_b	I_v	Q_b	Q_j	T	ΔTC_j	Q	T	ΔTC_j
400	2 000	0.15	0.15	55	136	0.12	30%	238	0.23	19%
400	2 000	0.15	0.2	55	136	0.09	30%	209	0.17	23%
400	2 000	0.15	0.25	55	136	0.08	30%	190	0.13	26%
400	2 000	0.2	0.15	53	131	0.13	32%	245	0.21	16%
400	2 000	0.2	0.2	53	131	0.10	30%	210	0.15	22%
400	2 000	0.2	0.25	53	131	0.08	29%	188	0.12	25%
400	2 000	0.25	0.15	52	126	0.13	34%	258	0.21	11%
400	2 000	0.25	0.2	52	126	0.10	31%	215	0.15	20%
400	2 000	0.25	0.25	52	126	0.09	30%	190	0.12	24%
400	3 000	0.15	0.15	55	162	0.17	39%	286	0.33	28%
400	3 000	0.15	0.2	55	162	0.13	37%	249	0.25	33%
400	3 000	0.15	0.25	55	162	0.11	36%	225	0.20	35%
400	3 000	0.2	0.15	53	156	0.17	41%	298	0.30	25%
400	3 000	0.2	0.2	53	156	0.14	39%	253	0.23	31%

（续表）

参 数 取 值				完 全 信 息				不完全信息		
K_b	K_v	I_b	I_v	Q_b	Q_j	T	ΔTC_j	Q	T	ΔTC_j
400	3 000	0.2	0.25	53	156	0.12	37%	225	0.18	34%
400	3 000	0.25	0.15	52	151	0.17	43%	316	0.30	21%
400	3 000	0.25	0.2	52	151	0.14	41%	262	0.22	29%
400	3 000	0.25	0.25	52	151	0.12	39%	229	0.17	33%
600	2 000	0.15	0.15	68	141	0.15	22%	245	0.26	10%
600	2 000	0.15	0.2	68	141	0.13	20%	217	0.20	15%
600	2 000	0.15	0.25	68	141	0.12	19%	200	0.17	17%
600	2 000	0.2	0.15	65	136	0.15	25%	248	0.23	8%
600	2 000	0.2	0.2	65	136	0.13	22%	214	0.17	14%
600	2 000	0.2	0.25	65	136	0.11	20%	194	0.14	17%
600	2 000	0.25	0.15	63	132	0.15	27%	258	0.22	4%
600	2 000	0.25	0.2	63	132	0.12	24%	217	0.16	12%
600	2 000	0.25	0.25	63	132	0.11	22%	193	0.13	16%
600	3 000	0.15	0.15	68	166	0.20	30%	292	0.35	19%
600	3 000	0.15	0.2	68	166	0.16	27%	256	0.28	23%
600	3 000	0.15	0.25	68	166	0.14	25%	233	0.23	26%
600	3 000	0.2	0.15	65	160	0.19	33%	300	0.31	16%
600	3 000	0.2	0.2	65	160	0.16	30%	257	0.24	22%
600	3 000	0.2	0.25	65	160	0.14	28%	230	0.20	25%
600	3 000	0.25	0.15	63	155	0.19	36%	316	0.30	11%
600	3 000	0.25	0.2	63	155	0.16	33%	263	0.23	20%
600	3 000	0.25	0.25	63	155	0.14	30%	232	0.18	24%

5.3　双边不完全信息时的供应链商业信用协调机制

在上述分析中假设制造商占据主导地位并缺少零售商的相关

信息,即存在单方面的信息不完全。事实上制造商和零售商会通过谈判的方式确定最优的商业信用时间,而企业的投资收益率 I_b, I_v,也为自己的私人信息,进而双方可接受的商业信用限 t_b, t_v 也为零售商和供应商的私人信息,即存在着双边的不完全信息。目前已有的文献,在分析信息不完全对供应链协调影响时,一般假设供应链中的一方具有完全的信息,而另一方不具有完全的信息,即假设单方面的信息优势。然而实践中,每个企业往往对自身的相关信息具有优势,而不完全了解合作方的具体信息,即双方均存在着信息不完全,我们称合作双方对彼此均有着信息不对称时的情形为双边信息不完全。双边信息不完全时的供应链的协调问题并未得到学者的关注,本部分就双边不完全信息下的供应链协调问题给出分析。

5.3.1　模型分析与求解

在双边不完全信息下,假设 t_b 的具体取值为零售商的私人信息,而制造商仅仅具有其取值范围 $[\underline{t_b}, \overline{t_b}]$ 及分布函数 P_b 的先验信息;同时 t_v 的具体取值为制造商的私人信息,而零售商仅仅具有其取值范围 $[\underline{t_v}, \overline{t_v}]$ 及分布函数 P_v 的先验信息。

借鉴双边拍卖理论(K-double auction),设置如下的交易机制。零售商和制造商分别提出一个商业信用长度 t_1, t_2,当 $t_1 > t_2$ 时,合约未能达成,双方继续按协调前的行为进行订货,若 $t_1 \leqslant t_2$ 时,最终的商业信用限为: $t = Bt_1 + (1-B)t_2$。 其中 B 为零售商的议价能力。

上述规则可以保证,最终实现的商业信用必在区间 $[t_b, t_v]$,原因在于零售商提出的 t_1 必大于其最小的商业信用限 t_b,同时 t_2 必小于 t_v,而最终的期限处于区间 $[t_1, t_2]$。此时买卖双方的单位时间的收益函数分别为:

$$U_b(t_1, t_2, I_b, I_v) = \begin{cases} wI_bD[t_1B+(1-B)t_2-t_b], & \text{若} t_1 \leqslant t_2 \\ 0, & \text{其他} \end{cases}$$

$$(5-28)$$

$$U_v(t_1, t_2, I_b, I_v) = \begin{cases} wI_vD[t_w-t_1B+(1-B)t_2], & \text{若} t_1 \leqslant t_2 \\ 0, & \text{其他} \end{cases}$$

$$(5-29)$$

设双方博弈的贝叶斯均衡策略为 $t_1(t_b)$，$t_2(t_v)$，易证均衡策略具有单调性。

证明如下：

令 $F_1(t) = prob(t_1(t_b) \leqslant t)$，表示保留延迟长度为 t_b 的零售商均衡时的报价不超过 t 的概率；$F_2(t) = prob(t_2(t_v) \leqslant t)$，表示保留延迟长度为 t_v 的供应商报价不超过 t 的概率。

首先证明零售商策略的单调性，制造商策略单调性的证明类似。

设 $t'_b > t''_b$，对应的最优策略为 t'_1，t''_1。
若真值为 t'_b，则

$$\int_{t'_1}^{t_v} wDI_b[Bt'_1+(1-B)t_2-t'_b]dF_2(t_2)$$

$$(5-30)$$

$$\geqslant \int_{t''_1}^{t_v} wDI_b[Bt''_1+(1-B)t_2-t'_b]dF_2(t_2)$$

若真值为 t''_b，则

$$\int_{t''_1}^{t_v} wDI_b[Bt''_1+(1-B)t_2-t''_b]dF_2(t_2)$$

$$(5-31)$$

$$\geqslant \int_{t'_1}^{t_v} wDI_b[Bt'_1+(1-B)t_2-t''_b]dF_2(t_2)$$

上两式相加可得：

$$(t'_b-t''_b)[F_2(t'_1)-F_2(t''_1)] \geqslant 0 \qquad (5-32)$$

所以，$F_2(t_1') - F_2(t_1'') \geqslant 0$，进而有 $t_1' \geqslant t_1''$。策略的单调性表明，保留商业信用长度（即可接受的最短商业信用长度）越大的零售商，其提出的商业信用长度越大。

为求解各方的报价策略，我们假设 $f_i(x)$，$F_i(x)$ 均为可微函数。由 $t_1(t_b)$ 为零售商的最优报价策略，其为下式的解：

$$\operatorname*{Max}_{t}\{[wI_bD(tB + (1-B)t_2 - t_b)]\Pr\{t < t_2(t_v)\}\}$$

$$(5-33)$$

即使得下式取得最大值：

$$\int_t^{t_v} wDI_b[tB + (1-B)t_2 - t_b]dF_2(t_2) \qquad (5-34)$$

上式对 t 求导可得，一阶条件：

$$\left[(t-t_b)f_2(t) - \int_v^{t_v} BdF_2(t_2)\right]\bigg|_{t=t_1(t_b)} = 0 \qquad (5-35)$$

进一步简化可得，零售商的最优报价满足下式：

$$[t_1(t_b) - t_b]f_2(t_1(t_b)) + BF_2(t_1(t_b)) - B = 0 \quad (5-36)$$

同理，$t_2(t_v)$ 为制造商的最优报价，其使得下式取得最大值：

$$\int_0^t wDI_v[t_v - t_1B - (1-B)t]dF_1(t_1) \qquad (5-37)$$

上式对 t 求导可得，一阶条件：

$$\left\{[t_v - tB - (1-B)t]f_1(t) - \int_0^t (1-B)dF_1(t_1)\right\}\bigg|_{t=t_2(t_v)} = 0$$

$$(5-38)$$

进一步简化可得，制造商的最优报价满足下式：

$$[t_v - t_2(t_v)]f_1(t_2(t_v)) - (1-B)F_1(t_2(t_v)) = 0$$

$$(5-39)$$

至此,买卖双方的最优策略满足式(5-36)和式(5-39)。总结上述结论有命题 5-2:

命题 5-2: 在关于零售商和制造商的投资收益率存在双边不完全信息时,双方的最优谈判出价满足:

$$[t_1(t_b) - t_b]f_2(t_1(t_b)) + BF_2(t_1(t_b)) - \alpha = 0$$
$$[t_v - t_2(t_v)]f_1(t_2(t_v)) - (1 - B)F_1(t_2(t_v)) = 0$$

式(5-36)和式(5-39)难以求解,给出一个特例:假设 $t_i \in [\underline{t_i}, \overline{t_i}]$, $i = b$, v 服从均匀分布,而且买卖双方采用线性对称报价,即

$$t_i(t_j) = \gamma_i + \beta_i t_j, \quad i = 1, 2; \quad j = b, v \qquad (5-40)$$

则有 $F_1(t) = \dfrac{t - \gamma_1 - \beta_1 \underline{t_b}}{(\overline{t_b} - \underline{t_b})\beta_1}$; $f_1(t) = \dfrac{1}{(\overline{t_b} - \underline{t_b})\beta_1}$,同理可得:

$F_2(t) = \dfrac{t - \gamma_2 - \beta_2 \underline{t_v}}{(\overline{t_v} - \underline{t_v})\beta_2}$; $f_2(t) = \dfrac{1}{(\overline{t_v} - \underline{t_v})\beta_2}$,代入式(5-36)和式(5-39),可得最优线性报价为

$$t_1 = \frac{t_b}{1 + B} + \frac{B(1 - B)}{2(1 + B)}\underline{t_b} + \frac{B}{2}\overline{t_v} \qquad (5-41)$$

$$t_2 = \frac{t_v}{2 - B} + \frac{B^3 - 2B^2 + 1}{(2 - B)(1 + B)}\underline{t_b} + \frac{(1 - B)B}{2(2 - B)}\overline{t_v} \qquad (5-42)$$

当 $B = 0$ 时有 $t_1 = t_b$, $t_2 = \dfrac{t_v}{2} + \dfrac{1}{2}\underline{t_b}$; $B = \dfrac{1}{2}$ 时, $t_1 = \dfrac{2}{3}t_b + \dfrac{1}{12}\underline{t_b} + \dfrac{\overline{t_v}}{4}$, $t_2 = \dfrac{2t_v}{3} + \dfrac{5}{18}\underline{t_b} + \dfrac{1}{12}\overline{t_v}$; $B = 1$ 时, $t_1 = \dfrac{t_b}{2} + \dfrac{\overline{t_v}}{2}$, $t_2 = \dfrac{t_v}{2} + \dfrac{1}{2}\underline{t_b}$。

由式(5-41)和式(5-42)可以看出,当 $t_2 \geqslant t_1$,即 $t_v \geqslant \dfrac{2 - B}{1 + B}t_b + \dfrac{2B + B^2 - B^3 + 2}{2(1 + B)}\underline{t_b} + \dfrac{\overline{t_v}}{2(1 + B)}$ 时,交易才能发生,否则供应链仍旧按照先前的非协调状态运行。这里双边不完全信息

并不会影响最优的采购批量,但是不完全信息减小了供应商和零售商达成交易的概率,即原本在完全信息时可以达成的交易在双边不完全信息时有可能不再实现。

5.3.2 数值分析

给出一个数值算例,以阐释本书的结论。参数设置如下:$D = 10\ 000$,$w = 500$,$K_v = 1\ 500$,$K_b = 300$,$h = 150$,$[I_b,\ \overline{I_b}] = [0.1,\ 0.2]$,$[I_v,\ \overline{I_v}] = [0.05,\ 0.15]$。这里时间单位设为"年",由此可得:$[T_v,\ \overline{T_v}] = [0.177\ 5,\ 0.059\ 2]$,$Q_b = 200$,$Q_c = 490$。表5-3进一步给出了完全信息及不完全信息时,随双方投资收益率及议价能力的变化,各决策变量的取值。

由表5-3可以看出,在 $I_b > I_v$ 时:

(1)信息不完全对供应链绩效的影响:当 $B = 0$ 时,均衡的延期长度完全等同于供应商的报价。此时,完全信息时的均衡商业信用长度取最小值。而当 B 增加时,完全信息下的供应链协作收益较不完全信息时大。

(2)议价能力对供应链绩效的影响:随着 B 的增加,完全信息及不完全信息下,供应链协作的收益均增加,因为随着零售商谈判地位的上升,均衡的商业信用长度会增加,进而提升整个供应链的绩效。

在 $I_b \leqslant I_v$ 时,结论完全相反。

5.4　本章小结

本章在第四章的基础上进一步分析了单边不完全信息和双边不完全信息时的商业信用协调机制,给出了单边不完全信息时制造商的最优菜单合同,以及双边不完全信息时制造商和零售商就商业信用长度谈判的均衡策略,并通过数值分析验证了模型的结论。

表 5 - 3　双边不完全信息下的供应链协调结果

参数设置			完全信息				双边信息不完全			
B	I_b	I_v	t_b	t_v	t	$\Delta TC_j/\%$	t_1	t_2	t	$\Delta TC_j/\%$
0	0.1	0.05	0.0257	0.1775	0.0257	69.82	0.0257	0.1016	0.1016	87.89
0	0.1	0.1	0.0257	0.0888	0.0257	63.70	0.0257	0.0572	0.0572	63.70
0	0.1	0.15	0.0257	0.0592	0.0257	57.57	0.0257	0.0425	0.0425	53.59
0	0.15	0.05	0.0172	0.1775	0.0172	71.86	0.0172	0.1016	0.1016	112.09
0	0.15	0.1	0.0172	0.0888	0.0172	67.78	0.0172	0.0572	0.0572	77.33
0	0.15	0.15	0.0172	0.0592	0.0172	63.70	0.0172	0.0425	0.0425	63.70
0	0.2	0.05	0.0129	0.1775	0.0129	72.89	0.0129	0.1016	0.1016	136.29
0	0.2	0.1	0.0129	0.0888	0.0129	69.82	0.0129	0.0572	0.0572	90.96
0	0.2	0.15	0.0129	0.0592	0.0129	66.76	0.0129	0.0425	0.0425	73.80
0.5	0.1	0.05	0.0257	0.1775	0.1016	87.89	0.0255	0.1304	0.0780	82.26
0.5	0.1	0.1	0.0257	0.0888	0.0572	63.70	0.0255	0.0713	0.0484	63.70
0.5	0.1	0.15	0.0257	0.0592	0.0425	53.59	0.0255	0.0515	0.0385	54.52
0.5	0.15	0.05	0.0172	0.1775	0.0973	110.05	0.0284	0.1304	0.0794	101.51

（续表）

参数设置			完全信息				双边信息不完全			
B	I_b	I_v	t_b	t_v	t	$\Delta TC_j/\%$	t_1	t_2	t	$\Delta TC_j/\%$
0.5	0.15	0.1	0.017 2	0.088 8	0.053 0	76.30	0.028 4	0.071 3	0.049 8	75.56
0.5	0.15	0.15	0.017 2	0.059 2	0.038 2	63.70	0.028 4	0.051 5	0.040 0	63.70
0.5	0.2	0.05	0.012 9	0.177 5	0.095 2	131.69	0.025 5	0.130 4	0.078 0	119.39
0.5	0.2	0.1	0.012 9	0.088 8	0.050 8	87.89	0.025 5	0.071 3	0.048 4	86.74
0.5	0.2	0.15	0.012 9	0.059 2	0.036 0	72.27	0.025 5	0.051 5	0.038 5	72.87
0.5	0.1	0.05	0.025 7	0.177 5	0.177 5	105.96	0.042 5	0.177 5	0.042 5	73.80
1	0.1	0.1	0.025 7	0.088 8	0.088 8	63.70	0.042 5	0.088 8	0.042 5	63.70
1	0.1	0.15	0.025 7	0.059 2	0.059 2	49.61	0.042 5	0.059 2	0.042 5	53.59
1	0.15	0.05	0.017 2	0.177 5	0.177 5	148.23	0.038 2	0.177 5	0.038 2	81.87
1	0.15	0.1	0.017 2	0.088 8	0.088 8	84.83	0.038 2	0.088 8	0.038 2	72.78
1	0.15	0.15	0.017 2	0.059 2	0.059 2	63.70	0.038 2	0.059 2	0.038 2	63.70
1	0.2	0.05	0.012 9	0.177 5	0.177 5	190.50	0.036 0	0.177 5	0.036 0	89.42
1	0.2	0.1	0.012 9	0.088 8	0.088 8	105.96	0.036 0	0.088 8	0.036 0	80.85
1	0.2	0.15	0.012 9	0.059 2	0.059 2	77.78	0.036 0	0.059 2	0.036 0	72.27

注：ΔTC_j 表示供应链总成本的变化比率。

　　具体而言,在单边不完全信息时,制造商不知道零售商的资金成本的具体取值,而仅仅知道其先验的分布及取值范围。此时,具有信息优势的零售商往往会利用其信息优势而获得更多的补偿,如高资金成本的零售商会"伪装"成低成本的零售商进而要求制造商给予更长的交易商业信用期限。在此背景下,制造商可以通过设置"菜单"合同来实现期望成本的最小化。与完全信息时的情况不同,不完全信息时商业信用协调机制不能协调供应链,也证明了信息共享对供应链管理的重要性。

　　而在双边不完全信息时,制造商和零售商对彼此的资金成本均具有不完全信息,此时双方就商业信用的长度进行谈判以确定供应链协调的收益分配。借鉴双边拍卖模型,本章给出双边不完全信息时,零售商和制造商的均衡策略,并通过具体的例子给出了双方的谈判报价。

　　进一步的研究可以考虑放松需求确定性假设而分析需求随机时的商业信用协调机制问题,同时商业信用所具有融资作用也是值得进一步研究的课题,下一章将分析需求随机而且零售商存在资金约束时,如何设置商业信用协调机制以协调供应链。

第6章 随机需求与资金约束时的供应链商业信用协调机制

6.1 引言

上两章证明了商业信用协调机制也能够有效的协调供应链,其发挥的作用与其他的供应链协调机制间并无本质的差别,尤其是与数量折扣协调机制间可以相互取代。然而,商业信用协调机制与很多协调机制间却存在着很多截然不同的特点,主要体现在商业信用的融资作用能够在一定情况下发挥独特的作用,是其他协调机制难以取代的供应链协调机制。实际上,商业信用协调机制区别于其他供应链协调机制的关键在于其融资作用,同时在金融学领域,融资和解决流动性约束也是解释为什么商业信用会普遍存在的重要理论依据。

而目前有关供应链协调研究的文献一般不考虑购货企业面临的资金约束问题,这一做法回避了实践中普遍存在的企业融资难问题,尤其是在发展中国家,由于金融机构和资本市场的落后,融资渠道的不畅一直是发展中国家企业成长中面临的重要问题,中国民营企业的发展历史即是鲜明的例证。此外,刚刚成立的企业、高速成长中的企业以及可抵押贷款较少的零售型企业,常常会面临资金不足的窘境,因此资金约束也是很多企业在进行运营决策时必须考虑的一个重要问题。不难想象,当购货企业面临资金约束时,供应链的协调问题就变得十分复杂和富有挑战性,而常用的供应链协调机制由于不具有融资作用而难以发挥作用,此时具有短期融资作用的商业信用政策将是供应商协调供应链的首选协调机制。

此外,多产品背景下商业信用协调机制还具有其他协调机制所不具备的外部性特点,即某一产品的供应商通过商业信用协调机制在提升本产品采购量的同时也增加了其他产品的采购量。因此,当下游企业面临资金约束且采购多种产品时,分析商业信用对供应链的协调作用更具理论与实践意义。

鉴此,本章着重阐述商业信用的融资作用,分析当购货企业存在资金约束时,供应商如何设置商业信用以协调供应链,并研究当零售商采购单一或者多种产品时,商业信用协调机制对供应链的协调作用,以阐明商业信用协调机制的正外部性特点。此外,当上下游企业均面临着资金约束时,企业间的商业信用就难以实现,此时可以利用第三方提供的信用来实现供应链的正常运营。在第三方提供的信用中,存货融资质押是比较典型的融资方式,也得到了学术界的关注,本章也将对这一问题展开分析。

6.2　资金约束条件下基于延期支付的商业信用协调机制

6.2.1　零售商存在资金约束时的商业信用协调机制

首先分析由单个制造商和单个零售商组成的二级供应链,首先假设零售商只销售单一产品,并根据报童模型确定最优的订货量。模型所需主要符号及含义如下表所示:

表 6-1　符号及其含义

符　号	含　义	符　号	含　义
c	产品生产成本	$F(\cdot)$, $f(\cdot)$	需求的先验分布及密度函数
w	产品批发价格	$S(q)$	产品期望销售量
p	产品零售价格	$L(q)$	期末库存的期望剩余量

符　号	含　义	符　号	含　义
v	产品期末残值	T_i	商业信用长度　$i=1$, 2, r, m
q_j^i	各种背景下的采购批量	I_i	资金成本　$i=r$, m
B	零售商的资金预算	$\pi_i(\cdot)$	各方利润函数　$i=r$, m, s

根据经典报童模型可得产品的期望销售量为 $S(q)=q-\int_0^q F(y)\mathrm{d}y$；期末剩余库存为：$L(q)=q-S(q)$。因此，在分散决策的供应链中，零售商的决策问题为

$$\text{Max}_{q}\,\pi_r(q)=pS(q)+vL(q)-wq \qquad (6-1)$$

$$s.t.\ wq\leqslant B \qquad (6-2)$$

不考虑约束条件时，易得一般报童问题的最优解为 $q_r=F^{-1}\left(\dfrac{p-w}{p-v}\right)$，由于本节假设零售商存在资金约束，因此有 $wq_r\geqslant B$。

由于 $\dfrac{\partial^2\pi_r(q)}{\partial q^2}=-(p-v)f(q)<0$，故 $\pi_r(q)$ 为减函数，又因为 $\dfrac{\partial\pi_r(q)}{\partial q}\bigg|_{q=q_r}=0$。所以在 $[0, q_r]$ 上有 $\dfrac{\partial\pi_r(q)}{\partial q}\geqslant 0$，即 $\pi_r(q)$ 在区间 $[0, q_r]$ 上为增函数，因此资金约束条件下零售商的最优采购量为 $q_r^0=\dfrac{B}{w}<q_r$。

而供应链整体的总利润为：$\pi_s(q)=pS(q)+vL(q)-cq$。对应最优的采购量为 $q_s=F^{-1}\left(\dfrac{p-c}{p-v}\right)$。

显然，各种情形下的最优采购量满足：$q_r^0<q_r<q_s$，即存在资金约束时零售商的最优采购量低于不存在资金约束时的采购量，后

者又低于供应链最优的采购量。因此,资金不足加剧了"双边际效应",供应链整体利润远未达到最优。

为激励零售商增加订货量进而实现供应链整体利润的最大化,学术界研究了各种不同形式的协调机制,包括:数量折扣、回购、销售返利、收益共享等。然而这些协调机制均未考虑可能存在的资金约束。现实中,商业信用融资往往是解决这一问题的重要手段。

考虑如下的商业信用协调机制:$t=\begin{cases} T & 若 q_r \geqslant q_s \\ 0 & 其他 \end{cases}$,即当零售商的采购量不低于供应链最优采购量时,制造商允许零售商对最优采购量部分的货款延迟一个固定的时刻 T 交付(延迟付款的数量 q_c,时间 T 均固定),否则不予延迟。T 为固定值,其须满足:

① 零售商的个人理性约束,即 $\pi_r(T, q_s) \geqslant \pi_r(q_r^0)$

$$(p-v)S(q_s) + (v-w)q_s + q_s w I_r T$$
$$\geqslant (p-v)S(q_r^0) + (v-w)q_r^0$$

$$T \geqslant \frac{1}{q_s w I_r} \Big[(p-w)(q_r^0 - q_s) + (p-v)\int_{q_r^0}^{q_s} F(y)\mathrm{d}y \Big]$$

$$(6-3)$$

令 $T_r = \dfrac{1}{q_s w I_r} \Big[(p-w)(q_r^0 - q_s) + (p-v)\int_{q_r^0}^{q_s} F(y)\mathrm{d}y \Big]$,其

为零售商可接受的最短商业信用长度,称为零售商的保留商业信用长度。当 $T = T_r$ 时,制造商获得全部的协调收益。易证:$T \geqslant T_r$ 时上述合同可以保证零售商的采购量即为供应链最优的采购量。

② 制造商的个人理性约束,即

$$\pi_m(T, q_s) \geqslant \pi_m(q_r^0)$$

$$(w-c)q_s - wq_s I_m T \geqslant (w-c)q_r^0$$

$$T \leqslant \frac{(w-c)(q_s - q_r^0)}{wq_s I_m}$$

$$(6-4)$$

再令 $T_{\mathrm{m}} = \dfrac{(w-c)(q_{\mathrm{s}} - q_{\mathrm{r}}^{0})}{wq_{\mathrm{s}}I_{\mathrm{m}}}$，其为制造商可接受的最长商业信用长度，称为制造商的保留商业信用长度。当 $T = T_{\mathrm{m}}$ 时，零售商获得全部的协调收益。

因此，均衡的商业信用长度满足：$T_{\mathrm{r}} \leqslant T \leqslant T_{\mathrm{m}}$。而其具体取值取决于双方的议价能力。借鉴合作博弈的讨价还价博弈模型，可得最终谈判的结果即商业信用长度满足如下优化问题：

$$\mathop{\mathrm{Max}}\limits_{t_{\mathrm{r}} \leqslant T \leqslant t_{\mathrm{m}}} \left[wq_{\mathrm{s}}I_{\mathrm{r}}(T - T_{\mathrm{r}}) \right]^{K} \left[wq_{\mathrm{s}}I_{\mathrm{m}}(T_{\mathrm{m}} - T) \right]^{1-K} \qquad (6-5)$$

其中 $0 \leqslant K \leqslant 1$，表示零售商的议价能力。易得均衡时的商业信用长度为

$$T = T_{\mathrm{m}}K + (1-K)T_{\mathrm{r}}。 \qquad (6-6)$$

据此有命题 6-1：

命题 6-1：当零售商面临资金约束时，协调供应链的商业信用协调机制为 $T = \begin{cases} T_{\mathrm{m}}K + (1-K)T_{\mathrm{r}} & \text{若 } q_{\mathrm{r}} \geqslant q_{\mathrm{s}} \\ 0 & \text{其他} \end{cases}$，**其中，**$T_{\mathrm{r}} = \dfrac{1}{q_{\mathrm{s}}wI_{\mathrm{r}}} \left[(p-w)(q_{\mathrm{r}}^{0} - q_{\mathrm{s}}) + (p-v)\displaystyle\int_{q_{\mathrm{r}}^{0}}^{q_{\mathrm{s}}} F(y)dy \right]$，$T_{\mathrm{m}} = \dfrac{(w-c)(q_{\mathrm{s}} - q_{\mathrm{r}}^{0})}{wq_{\mathrm{s}}I_{\mathrm{m}}}$。**此时零售商的订货量为** q_{s}，**供应链取得协调。**

需要指出的是上文并未考虑信用风险问题，这一做法在较大范围内是合理的。首先，当前国内企业在进行信用交易时，为控制违约风险，提供商业信用的制造商往往要求零售商开具银行承兑票据，而短期内(商业信用长度往往不超过半年)银行破产的风险可以忽略；其次，对于较大规模的零售商或者与制造商已有长期合作关系的零售商，其在短期内发生违约的风险极小，因此也可以不考虑违约风险。

6.2.2 多产品背景下商业信用协调机制的正外部性

实践中，零售商往往销售多种产品，在资金约束条件下零售

商会根据不同产品的需求特性和边际利润率而确定每种产品的采购量。此时,其中某一产品制造商提供的商业信用在协调该产品所在供应链的同时也能够增加其他产品的采购量,进而提升其他产品制造商的期望利润,商业信用协调机制从而体现出一定的正外部性。

沿用基本模型的符号和假设,设零售商需要向 n 个不同的制造商采购 n 种产品。这里只考虑由产品 j 的制造商和零售商组成的供应链的协调问题,本部分试图证明,当存在多个产品时,制造商 j 提供的商业信用协调机制在协调其所在供应链的同时也能够增加其他产品的采购量,进而提升其他产品制造商的利润,即商业信用协调机制体现出正外部性特点。

在分散决策的供应链中,零售商的最优决策问题为

$$\underset{q_i}{\text{Max}}\pi_r(q_i) = \sum_{i=1}^{n}\left[(p_i - v_i)S_i(q_i) + (v_i - w_i)q_i\right] \quad (6-7)$$

$$s.t. \ \sum_{i=1}^{n}w_iq_i \leqslant B \qquad (6-8)$$

构造拉格朗日函数: $L = \pi_r(q_i) - \lambda\left(\sum\limits_{i=1}^{n}w_iq_i - B\right)$。 进而可得原优化问题的 K-T 条件及约束条件:

$$\begin{cases} (p_i - v_i)S_i'(q_i) + (v_i - w_i) - \lambda w_i = 0, \quad i = 1, \cdots, n \\ \lambda\left(\sum\limits_{i=1}^{n}w_iq_i - B\right) = 0 \\ \sum\limits_{i=1}^{n}w_iq_i - B \leqslant 0 \\ \lambda \geqslant 0 \end{cases}$$

$$(6-9)$$

求解上述方程可得最优采购量满足:

$$\begin{cases} \sum_{i=1}^{n} w_i q_i = B \\ F_i(q_i) = \dfrac{p_i - (1+\lambda)w_i}{p_i - v_i} \quad i = 1, \cdots, n \\ \lambda > 0 \end{cases} \quad (6-10)$$

求解上述方程组可得资金约束条件下的最优解 $q_i^* = F_i^{-1}\left(\dfrac{p_i - (1+\lambda)w_i}{p_i - v_i}\right)$，其中 λ 可由方程 $\sum_{i=1}^{n} w_i F_i^{-1}\left(\dfrac{p_i - (1+\lambda)w_i}{p_i - v_i}\right) = B$ 解出。则分散决策时零售商的利润为 $\sum_{i=1}^{n} \pi_r(q_i^*)$。

设产品制造商 j 为提高产品 j 的销售量，向零售商提供商业信用：$t = \begin{cases} T & 若 q_j \geqslant q_j^c \\ 0 & 其他 \end{cases}$，其中 q_j^c 为产品 j 的供应链整体最优的采购量，满足 $F_j(q_j^c) = \dfrac{p_j - c_j}{p_j - v_j}$。为方便分析，假设零售商购入该产品后在商业信用结束时，其销售收入超过未付款项，即此时不再面临资金约束。则零售商接受此商业信用后的利润为

$$\begin{aligned} \underset{q_i}{\mathrm{Max}}\,\pi_r(q_i) = &\sum_{i \neq j}^{n} \left[(p_i - w_i)S_i(q_i)\right] + (p_j - v_j)S_j(q_j^c) \\ &+ (v_j - w_j)q_j^c + w_j q_j^c I_r T \end{aligned} \quad (6-11)$$

$$s.t. \sum_{i \neq j}^{n} w_i q_i \leqslant B \quad (6-12)$$

与前述优化问题类似，利用 K－T 条件可得零售商的最优采购量满足：

$$q_j^c = F_j^{-1}\left(\frac{p_j - c_j}{p_j - v_j}\right)$$

$$q_{i \neq j}^{**} = \begin{cases} F_i^{-1}\left(\dfrac{p_i - w_i}{p_i - v_i}\right) & 若 \sum_{i \neq j}^{n} w_i F_i^{-1}\left(\dfrac{p_i - w_i}{p_i - v_i}\right) \leqslant B \\ F_i^{-1}\left(\dfrac{p_i - (1+r)w_i}{p_i - v_i}\right) & 其他 \end{cases}，其中$$

r 满足方程 $\sum_{i\neq j}^{n} w_i F_i^{-1}\left(\dfrac{p_i-(1+r)w_i}{p_i-v_i}\right)=B$。则零售商的利润为

$\sum_{i\neq j}^{n}\pi_r(q_{i\neq j}^{**})+\pi_r(q_j^c)+w_j q_j^c I_r T$。

　　容易证明 $q_{i\neq j}^{**}>q_{i\neq j}^{*}$，即产品 j 的制造商提供的商业信用能够增加其他产品的采购量。再由经典报童模型可知该情形下采购量的增加即为期望利润的增加，因此制造商 j 提供的商业信用协调机制不仅能够协调产品 j 所在的供应链，同时能够增加其他产品制造商的期望利润，进而具有正外部性。

　　证明如下：

　　当 $q_{i\neq j}^{**}=F_i^{-1}\left(\dfrac{p_i-w_i}{p_i-v_i}\right)$ 时，由于 $q_{i\neq j}^{*}=F_i^{-1}\left(\dfrac{p_i-(1+\lambda)w_i}{p_i-v_i}\right)$，

且 $\lambda>0$，则由分布函数 $F_{i\neq j}(\,\cdot\,)$ 的递增性质可得：$q_{i\neq j}^{**}>q_{i\neq j}^{*}$，此时结论成立。

　　当 $q_{i\neq j}^{**}=F_i^{-1}\left(\dfrac{p_i-(1+r)w_i}{p_i-v_i}\right)$ 时，

由 $\sum_{i\neq j}^{n} w_i F_i^{-1}\left(\dfrac{p_i-(1+r)w_i}{p_i-v_i}\right)=\sum_{i=1}^{n} w_i F_i^{-1}\left(\dfrac{p_i-(1+\lambda)w_i}{p_i-v_i}\right)=B$，

可得：

$$\sum_{i\neq j}^{n} w_i\left[F_i^{-1}\left(\dfrac{p_i-(1+r)w_i}{p_i-v_i}\right)-F_i^{-1}\left(\dfrac{p_i-(1+\lambda)w_i}{p_i-v_i}\right)\right]$$
$$=w_j F_j^{-1}\left(\dfrac{p_j-(1+\lambda)w_j}{p_j-v_j}\right)>0$$

　　此时可由反证法证明 $r<\lambda$。假设 $r\geqslant\lambda$，则 $\dfrac{p_i-(1+r)w_i}{p_i-v_i}\leqslant$

$\dfrac{p_i-(1+\lambda)w_i}{p_i-v_i}$，进而 $F_i^{-1}\left(\dfrac{p_i-(1+r)w_i}{p_i-v_i}\right)-F_i^{-1}\left(\dfrac{p_i-(1+\lambda)w_i}{p_i-v_i}\right)\leqslant$

0，所以有 $\sum_{i\neq j}^{n} w_i\left[F_i^{-1}\left(\dfrac{p_i-(1+r)w_i}{p_i-v_i}\right)-F_i^{-1}\left(\dfrac{p_i-(1+\lambda)w_i}{p_i-v_i}\right)\right]\leqslant 0$，

这与题设相矛盾,原假设 $r \geqslant \lambda$ 不成立,即应有 $r < \lambda$。进而可得:

$F_i^{-1}\left(\dfrac{p_i - (1+r)w_i}{p_i - v_i}\right) > F_i^{-1}\left(\dfrac{p_i - (1+\lambda)w_i}{p_i - v_i}\right)$,因此有 $q_{i \neq j}^{**} > q_{i \neq j}^{*}$。 证毕。

多产品时,零售商的个人理性约束为

$$\sum_{i \neq j}^{n} \pi_r(q_{i \neq j}^{**}) + \pi_r(q_j^c) + w_j q_j^c I_r T \geqslant \sum_{i=1}^{n} \pi_r(q_i^{*})。$$

$$T \geqslant \Big[\sum_{i=1}^{n} \pi_r(q_i^{*}) - \sum_{i \neq j}^{n} \pi_r(q_{i \neq j}^{**}) - \pi_r(q_j^c)\Big]/(w_j q_j^c I_r)$$

$$(6-13)$$

进而可得零售商的保留商业信用长度为

$$T_r^M = \Big[\sum_{i=1}^{n} \pi_r(q_i^{*}) - \sum_{i \neq j}^{n} \pi_r(q_{i \neq j}^{**}) - \pi_r(q_j^c)\Big]/(w_j q_j^c I_r)$$

$$(6-14)$$

而制造商 j 的保留商业信用长度与单产品时相同,$T_m^M = T_m$,这里上标 M 表示多产品时的商业信用长度。显然,在多产品时由于商业信用的外部性,零售商的保留商业信用长度应低于单一产品时的保留商业信用长度,即有 $T_r^M < T_r$。 多产品时商业信用长度的确定与单产品相同,满足:$T = K T_m^M + (1-K) T_r^M$。 总结上述结论有如下的命题:

命题 6-2: 当零售商采购多个产品时,在产品 j 的制造商和零售商组成的供应链中,协调供应链的商业信用协调机制为

$$T = \begin{cases} K T_m^M + (1-K) T_r^M & \text{若 } q_j \geqslant q_j^c \\ 0 & \text{其他} \end{cases}$$

其中

$$T_r^M = \Big[\sum_{i=1}^{n} \pi_r(q_i^{*}) - \sum_{i \neq j}^{n} \pi_r(q_{i \neq j}^{**}) - \pi_r(q_j^c)\Big]/(w_j q_j^c I_r),$$

$$T_m^M = \dfrac{(w-c)(q_s - q_r^0)}{w q_s I_m}; \text{此时有 } q_{i \neq j}^{**} > q_{i \neq j}^{*}, T_r^M < t_r, \text{即商业信用}$$

协调机制具有外部性。

给出一个例子以直观的阐述上述结论,若各种产品的需求均服从均匀分布,即 $F_i(x_i)=\dfrac{x_i-b_i}{a_i-b_i}$,$f_i(x_i)=\dfrac{1}{a_i-b_i}$。则分散决策时零售商的采购量为

$$q_i^*=b_i+\frac{[p_i-(1+\lambda)w_i](a_i-b_i)}{p_i-v_i} \tag{6-15}$$

其中,$\lambda=\dfrac{1}{\displaystyle\sum_{i=1}^{n}\dfrac{w_i^2(a_i-b_i)}{p_i-v_i}}\left[\displaystyle\sum_{i=1}^{n}b_iw_i+\displaystyle\sum_{i=1}^{n}\dfrac{w_ip_i(a_i-b_i)}{p_i-v_i}-B\right]-$

1. 在商业信用协调机制下,零售商的采购量为

$$q_j=q_j^c,\ q_{i\neq j}^{**}=\begin{cases}b_i+\dfrac{[p_i-(1+r)w_i](a_i-b_i)}{p_i-v_i}\\[2mm]\quad 若\displaystyle\sum_{i\neq j}^{n}w_iF_i^{-1}\left(\dfrac{p_i-w_i}{p_i-v_i}\right)\geqslant B\\[2mm]F_i^{-1}\left(\dfrac{p_i-w_i}{p_i-v_i}\right)\quad 其他\end{cases} \tag{6-16}$$

其中,$r=\dfrac{1}{\displaystyle\sum_{i=1}^{n}\dfrac{w_i^2(a_i-b_i)}{p_i-v_i}}\left[\displaystyle\sum_{i=1}^{n}b_iw_i+\displaystyle\sum_{i=1}^{n}\dfrac{w_ip_i(a_i-b_i)}{p_i-v_i}-B\right]-$

$1,$且 $i\neq j$。

6.2.3 数值分析

数值分析的目的有两个:一是验证各种情形下商业信用协调机制对供应链的协调作用,即供应链整体利润的改进;二是分析双方议价能力、资金成本及资金约束对商业信用协调机制的影响。

各参数取值如下:$p=200$,$w=150$,$c=100$,$s=0$。需求在区间 $[5\,000,9\,000]$ 上服从均匀分布,即 $D\sim U(5\,000,9\,000)$。则不存

在资金约束时,零售商最优的采购量为 $q_r = 6\,000$,所需资金量为 $900\,000$,系统最优采购量为 $q_s = 7\,000$。

在上述参数取值下商业信用协调机制时间及供应链协调利润随各参数的变化如表 6 - 2 所示,其中 $\Delta\pi_s$ 表示供应链整体的利润改进百分比。

由表 6 - 2 可以得到如下结论:

(1) 各种背景下,资金缺口越大(即 B 值越小),供应链协调收益的百分比越大,突出说明了资金约束条件下,商业信用协调机制的重要性。此外,资金缺口越大,零售商的保留延迟时间 T_r、T_1 越短,制造商的保留延迟时间 T_m、T_2 越长。

(2) 零售商与制造商间的资金成本差距越大(即 $I_r - I_m$ 越大),供应链协调收益的百分比越大,原因在于制造商向零售商提供信用,零售商通过商业信用协调机制获得的机会收益大于制造商损失的机会收益。

(3) 多产品较单产品情形,其供应链协调收益的百分比较大,而零售商的保留商业信用时间较短,证明了商业信用协调机制的外部性。

6.3　资金约束条件下的库存融资策略研究

作为短期融资的重要手段,企业间的商业信用对于缓解企业的资金约束进而实现供应链的优化具有重要的意义。然而,若供需双方均面临着资金约束,或者由于信用风险因素,供应商不愿意向买方企业提供信用时,企业间的商业信用就难以实现,此时可以考虑利用第三方提供的基于库存的质押融资业务。

在这方面,近些年来国内外的众多金融机构,如花旗银行、法国巴黎银行、招商银行等,开始与仓储及物流企业合作推出了存货质押融资服务。在该项服务中,企业将其拥有的存货作为担保,向资金提供方如银行出质,同时将质物转交给具有合法保管动产资格的

表 6 - 2　各变量随投资收益率及谈判能力变化表

参　数　设　置				单　产　品				多　产　品			
K	I_r	I_m	B	T_r	T_m	T	$\Delta\tau_s/\%$	T_r^M	T_m^M	T	$\Delta\tau_s/\%$
0	0.1	0.05	900 000	0.24	0.95	0.24	3.1	0.15	0.95	0.15	5.8
0	0.1	0.05	850 000	0.21	1.27	0.21	4.7	0.04	1.27	0.04	7.7
0	0.1	0.15	900 000	0.24	0.32	0.24	1.0	0.15	0.32	0.15	4.5
0	0.1	0.15	850 000	0.21	0.42	0.21	2.8	0.04	0.42	0.04	7.4
0	0.2	0.05	900 000	0.12	0.95	0.12	3.6	0.08	0.95	0.08	6.1
0	0.2	0.05	850 000	0.11	1.27	0.11	5.2	0.02	1.27	0.02	7.8
0	0.2	0.15	900 000	0.12	0.32	0.12	2.6	0.08	0.32	0.08	5.5
0	0.2	0.15	850 000	0.11	0.42	0.11	4.2	0.02	0.42	0.02	7.7
0.5	0.1	0.05	900 000	0.24	0.95	0.60	4.7	0.15	0.95	0.55	7.5
0.5	0.1	0.05	850 000	0.21	1.27	0.74	7.1	0.04	1.27	0.66	10.4
0.5	0.1	0.15	900 000	0.24	0.32	0.28	0.9	0.15	0.32	0.24	4.2
0.5	0.1	0.15	850 000	0.21	0.42	0.32	2.4	0.04	0.42	0.23	6.6

（续表）

参数设置					单产品			多产品			
K	I_r	I_m	B	T_r	T_m	T	$\Delta\tau_s/\%$	T_r^M	T_m^M	T	$\Delta\tau_s/\%$
0.5	0.2	0.05	900 000	0.12	0.95	0.54	9.1	0.08	0.95	0.51	11.6
0.5	0.2	0.05	850 000	0.11	1.27	0.69	12.9	0.02	1.27	0.65	15.8
0.5	0.2	0.15	900 000	0.12	0.32	0.22	3.0	0.08	0.32	0.20	6.0
0.5	0.2	0.15	850 000	0.11	0.42	0.26	4.9	0.02	0.42	0.22	8.5
1	0.1	0.05	900 000	0.24	0.95	0.95	6.3	0.15	0.95	0.95	9.2
1	0.1	0.05	850 000	0.21	1.27	1.27	9.4	0.04	1.27	1.27	13.0
1	0.1	0.15	900 000	0.24	0.32	0.32	0.7	0.15	0.32	0.32	3.8
1	0.1	0.15	850 000	0.21	0.42	0.42	1.9	0.04	0.42	0.42	5.8
1	0.2	0.05	900 000	0.12	0.95	0.95	14.6	0.08	0.95	0.95	17.1
1	0.2	0.05	850 000	0.11	1.27	1.27	20.7	0.02	1.27	1.27	23.8
1	0.2	0.15	900 000	0.12	0.32	0.32	3.5	0.08	0.32	0.32	6.5
1	0.2	0.15	850 000	0.11	0.42	0.42	5.6	0.02	0.42	0.42	9.4

物流企业(中介方)进行保管,以获得贷款(李毅学等,2007a)。存货质押融资在缓解企业的资金不足状况的同时,也为银行、物流企业等提供了新的经营业务和利润增长点,是我国物流业与金融业共同关注的新兴领域。存货质押融资业务,由于与企业库存具有重要的关系,而且与我国企业的实践密切相关,因此本书将其视为商业信用的自然延伸,纳入论文的研究范围。

存货质押融资服务中的一个重要理论问题是如何确定质押率,即贷款本金与抵押存货价值的比率。在这方面,国内学者进行了一定的研究,如李毅学等(2007a)在产品价格随机波动且违约风险外生假设下,分析了下侧风险规避的银行的最优质押率;李毅学等(2007b)分析了违约风险为重随机分布时的质押率问题。这些研究将库存产品价格波动导致的风险视为质押业务的主要风险,分析产品价格随机波动时的质押率问题,而较少考虑需求的不确定性导致的风险。

实际上,需求波动导致的风险是存货质押业务的另一个重要而特有的风险,尤其是当质押存货为销售周期有限、需求不确定性大、期末残值低的产品时。在抵押期末,如果产品的需求较小,则企业回收的货款与剩余库存的价值就有可能低于贷款的数量,进而产生违约的可能。对于银行而言,尽管这些产品较铜、钢材等价值较为恒定的产品存在更多的风险,但是由于这些产品的制造周期较长,因此制造商往往在销售季节开始前几个月就要备足存货,因而面临的资金短缺状况更加严峻,进而愿意支付更高的利息。此外,随着技术进步的加快和市场竞争的加剧,越来越多的产品体现出销售周期短、需求波动大的特点。因此,分析这类产品的融资质押率对于银行进一步开展物流金融服务具有重要的理论参考价值,同时分析需求随机时的质押率问题也是存货质押融资区别于其他如股票质押融资的重要特点,因此对这一问题展开研究也能拓展相关理论研究的深度。

基于此,本节以报童模型为基础分析当质押存货在质押期末面临的需求随机且产品残值较低时,银行的融资质押决策问题。同时全面分析银行的不同效用偏好对质押率的影响,具体分析风险中性、均值-方差权衡、下侧风险规避和损失规避时银行的最优质押率问题。与前人研究的相比,本节的创新点:① 将需求不确定性作为质押业务的主要风险,突出存货质押与一般金融资产质押的差别;② 分析了银行的不同风险偏好下的质押率,指出不同风险偏好对最终质押率的影响。

6.3.1 风险中性时的存货质押率研究

符号及其含义如表 6-3 所示。

表 6-3 符号及其含义

符　号	含　义	符　号	含　义
D	制造商面临的需求	q	制造商的制造批量
c	产品制造成本	λ	存货质押率
p	产品销售价格	$F(\cdot)$, $f(\cdot)$	需求的先验分布及密度函数
v	产品期末残值	$\pi_i(\cdot)$	各方利润函数,$i=b, r$

假设在销售季节前,制造商根据报童模型确定制造批量,这里制造商面临的需求为零售商未来的采购量,其先验的分布函数及概率密度为 $F(x)$, $f(x)$。制造商随后将制成品向银行质押以获得贷款。销售季节开始时,制造商将产品出售给零售商进而归还贷款,此时质押期结束。在违约率内生的假设下,若质押期末制造商的销售收入与未销售存货的残值之和低于应支付的本息和则制造商即违约,此时银行收回的款项为制造商的销售收入及存货残值,否则银行获得合约规定的本息。

由经典报童模型可得制造商的利润函数为 $\pi_m(q) = p\mathrm{Min}(D, q) + v\mathrm{Max}(q-D, 0) - cq$。其期望值为:$E[\pi_m(q)] = (p-c)q +$

$(v-p)\int_0^q F(x)\mathrm{d}x$。因此,制造商的最优生产批量满足:

$$\mathop{\mathrm{Max}}_{q} E[\pi_{\mathrm{m}}(q)] = (p-c)q + (v-p)\int_0^q F(x)\mathrm{d}x \qquad (6-17)$$

进而可得制造商期初的最优制造量为

$$q_{\mathrm{m}} = F^{-1}\left(\frac{p-c}{p-v}\right)$$

对于资金紧张的制造商而言,可以通过向银行或者第三方物流企业申请存货质押而获得资金。假设银行在销售期初向制造商提供额度为 $\lambda p q_m$ 的质押贷款,并收取利率费用 I_r,而银行的资金成本为存款利率 I_c,为方便分析,这里假设利息为单利。

在实践中,银行往往与第三方物流企业进行业务合作,由银行提供贷款,而由第三方物流企业对存货进行监管。显然当产品的需求低于一定数值时银行即面临贷款不能完全收回的风险。在违约概率内生假设下,当需求满足 $pD + v(q_{\mathrm{m}}-D) \leqslant \lambda p q_{\mathrm{m}}(1+I_{\mathrm{r}})T$,即 $D \leqslant \dfrac{\lambda p q_{\mathrm{m}}(1+I_{\mathrm{r}})T - v q_{\mathrm{m}}}{p-v}$ 时,银行获得的已销售产品收入及季末剩余产品的残值之和低于质押条款规定的收益,此时发生违约,银行只能获得销售收入和残值。因此,银行的利润函数为

$$\pi_{\mathrm{b}}(\lambda) = \begin{cases} D[p-v] + q_{\mathrm{m}}[v - \lambda p(1+I_{\mathrm{c}})T] \\ \qquad \text{若 } D \leqslant \dfrac{\lambda p q_m(1+I_r)T - v q_{\mathrm{m}}}{p-v} \\ \lambda p q_{\mathrm{m}}(I_{\mathrm{r}} - I_{\mathrm{c}})T, \quad \text{其他} \end{cases} \qquad (6-18)$$

令 $M = \dfrac{\lambda p q_{\mathrm{m}}(1+I_{\mathrm{r}})T - v q_{\mathrm{m}}}{p-v}$,则银行的期望利润为

$$E[\pi_{\mathrm{b}}(\lambda)] = \int_0^M \{(p-v)x + q_{\mathrm{m}}[v - \lambda p(1+I_{\mathrm{c}})T]\} f(x)\mathrm{d}x$$

$$+ \int_M^\infty \lambda p q_{\mathrm{m}} T[I_{\mathrm{r}} - I_{\mathrm{c}}] f(x)\mathrm{d}x \qquad (6-19)$$

进一步简化为

$$E[\pi_{\mathrm{b}}(\lambda)] = \lambda pq_{\mathrm{m}}T(I_{\mathrm{r}} - I_{\mathrm{c}}) - \int_0^M (p - v)F(x)\mathrm{d}x$$

$$(6 - 20)$$

再由 $\dfrac{\partial^2 E(\pi_{\mathrm{b}})}{\partial \lambda^2} = f(M)\dfrac{[pq_{\mathrm{m}}(1 + I_{\mathrm{r}})T]^2}{p - v} < 0$ 可得目标函数为质押率 λ 的凹函数。

令 $\dfrac{\partial^2 E(\pi_{\mathrm{b}})}{\partial \lambda^2} = pq_{\mathrm{m}}T(I_{\mathrm{r}} - I_{\mathrm{c}}) - F(M)pq_{\mathrm{m}} = 0$，即可得银行最优的质押率：

$$\lambda^* = \frac{F^{-1}\left(\dfrac{I_r - I_c}{1 + I_r}\right)(p - v) + vq_{\mathrm{m}}}{pq_{\mathrm{m}}(1 + I_{\mathrm{r}})T}$$

$$(6 - 21)$$

考虑 $0 \leqslant \lambda \leqslant 1$，则风险中性的银行最优的质押率为 $\mathrm{Min}\{1, \lambda^*\}$。据此有命题 6 - 3：

命题 6 - 3：在制造商面临的需求服从一般分布及银行为风险中性的假设下，最优的存货质押率为 Min{1, λ^*}，其中 $\lambda^* = \dfrac{F^{-1}\left(\dfrac{I_r - I_c}{1 + I_r}\right)(p - v) + vq_{\mathrm{m}}}{pq_{\mathrm{m}}(1 + I_r)T}$。

6.3.2 不同风险偏好时的质押率研究

在实践中，风险中性即期望收益最大化往往并不能解释企业的行为。尤其是谙熟于风险管理的银行，其对风险总是设法规避的并希望能够权衡期望利润和风险以避免造成比较大的损失。当银行的决策者是风险厌恶型的时候，一个很自然的方法是引入风险厌恶的度量准则。因此，本书进一步分析各种不同风险态度下银行最优质押率的选取，并与风险中性时的质押率进行比较，明确风险偏好因素对质押率的影响。

1. 基于均值方差模型的最优质押率

Markowitz(1952)提出的均值–方差分析方法(Mean – Variance)为风险-收益问题提供了完整的计量分析框架,在金融投资领域得到了广泛的应用。近年来在运营管理领域的学者也开始利用均值-方差方法分析传统的库存理论,Chen & Fedegrouen(2000)采用均值方差的方法分析了报童模型和一些标准的无限时段的库存模型,结论表明此时的库存订货量要低于风险中性时的订货量;Martínez-de-Albéniz & Simchi-Levi(2000)利用均值-方差模型分析了供应商的长期采购合同选择问题。参照上述文献,假设银行的效用函数为

$$U(\pi) = E(\pi) - \delta V(\pi) \tag{6-22}$$

式中,$\delta > 0$ 表示银行对风险的规避程度;$V(\pi)$ 为银行利润的方差。可求解如下:

$$V(\pi) = E(\pi - E(\pi))^2 = E(\pi^2) - [E(\pi)]^2 \tag{6-23}$$

易知:$\pi_b^2(\lambda) = \begin{cases} \{D(p-v) + q_m[v - \lambda p(1+I_c)T]\}^2 \\ \qquad 若 D \leqslant \dfrac{\lambda p q_m(1+I_r)T - vq_m}{p-v} \\ [\lambda pq(I_r - I_c)T]^2 \quad 其他 \end{cases}$

令 $A = p - v$;$B = q[v - \lambda p(1+I_c)T]$;$C = \lambda pq(I_r - I_c)T$。则有

$$\pi_b^2(\lambda) = \begin{cases} A^2 D + B^2 + 2ABD & 若 D \leqslant \dfrac{\lambda p q_m(1+I_r)T - vq_m}{p-v} \\ C^2 & 其他 \end{cases}$$

$$\tag{6-24}$$

进而可得:

$$E(\pi^2) = [(B+AM)^2 - C^2]F(M) + C^2 \\ \qquad - 2AB\int_0^M F(x)\mathrm{d}x - \int_0^M 2A^2 F(x)x\,\mathrm{d}x. \tag{6-25}$$

$$[E(\pi)]^2 = C^2 + \left[\int_0^M AF(x)\,\mathrm{d}x\right]^2 - 2C\int_0^M AF(x)\,\mathrm{d}x$$

$$(6-26)$$

则银行利润的方差大小为

$$V(\pi) = 2A^2 M\int_0^M F(x)\,\mathrm{d}x - \int_0^M 2AF(x)x\,\mathrm{d}x$$
$$- \left[\int_0^M AF(x)\,\mathrm{d}x\right]^2$$

$$(6-27)$$

$V(\pi)$ 对 λ 求导可得：

$$\frac{\partial V}{\partial \lambda} = 2A[1 - F(M)]pqT(1 + I_r)\int_0^M F(x)\,\mathrm{d}x > 0$$

$$(6-28)$$

所以银行利润的方差为质押率 λ 的增函数。

为求得期望效用最大化，银行必须同时考虑其利润的期望值和方差。这里定义质押率 λ 是被占优（dominated）的，当且仅当存在 λ' 满足 $E[\pi(\lambda')] \geqslant E[\pi(\lambda)]$，$V[\pi(\lambda')] \leqslant V[\pi(\lambda)]$，且两个不等式必须有一个为严格不等式，显然如果 λ 是被占优的，则其不能实现效用的最大化。在本书中，当 $\lambda \in [0, \lambda^*]$ 时 $E(\pi)$，$V(\pi)$ 均增加，因此没有 λ 是被占优的，而在区间 $[\lambda^*, 1]$ 内，$E(\pi)$ 为减小，而 $V(\pi)$ 增加，因此期望效用也减小，λ 均被占优，所以最优的质押率处在区间 $[\lambda^*, 1]$ 内。据此有：

命题 6-4： 当以均值方差（Mean-Variance）模型为决策分析工具时，银行期望效用最大化的质押率 λ_{mv}^* 低于期望利润最大化时的质押率 λ^*，即风险厌恶下的质押率低于风险中性时的取值。

而银行的效用函数为：

$$U(\pi) = C - (A + 2\delta A^2 M)\int_0^M F(x)\,\mathrm{d}x + 2\delta A^2\int_0^M F(x)x\,\mathrm{d}x$$

$$+ \delta A^2 \left[\int_0^M F(x) \mathrm{d}x \right]^2 \quad\quad (6-29)$$

上述期望效用的表达形式较为复杂,难以确定其凹凸性。当各参数取值给定时,考虑到质押率的取值范围为$[0, \lambda^*]$,因此可以采用一维搜索的方法求得,本书算例分析即采用一维搜索的方法求出了具体取值。

2. 下侧风险规避时的最优质押率

尽管均值-方差模型得到了普遍的应用,但从直觉上来看它是不充分的,因为它对期望的向上的(upside)影响和人们不希望的向下的(downside)结果等同地予以惩罚。而实践中银行更可能为下侧风险规避(downside risk aversion)的经济主体,借鉴许明辉等(2006),令银行的效用函数为

$$U(\pi) = \begin{cases} E(\pi) & \text{若 } P(\pi \leqslant \alpha) \leqslant \theta \\ -\infty & \text{其他} \end{cases} \quad\quad (6-30)$$

上式说明,银行要求最优的质押率必须满足:其利润低于某一取值α的概率小于给定的值θ。需要指出的是,李毅学等(2007a)在分析这一问题时,以损失而非利润的约束条件作为下侧风险规避的定义,这与本书并无本质的差别。此时银行的决策问题等同于:

$$\underset{\lambda}{\mathrm{Max}} E[\pi_b(\lambda)] = \lambda pqT(I_r - I_c) - \int_0^M (p-v)F(x)\mathrm{d}x$$

$$(6-31)$$

$$s.t. \ P(\pi \leqslant \alpha) \leqslant \theta \quad\quad (6-32)$$

将 $\pi_b(\lambda) = \begin{cases} D(p-v) + q_m[v - \lambda p(1+I_c)T] \\ \quad \text{若 } D \leqslant \dfrac{\lambda pq_m(1+I_r)T - vq_m}{p-v} \\ \lambda pq_m(I_r - I_c)T \quad \text{其他} \end{cases}$ 代入约束条

件 $P(\pi \leqslant \alpha) \leqslant \theta$ 可得：$P(D(p-v)+q[v-\lambda p(1+I_c)T] \leqslant \alpha) \leqslant \theta$。

上式可进一步简化为 $P\left(D \leqslant \dfrac{\alpha-q[v-\lambda p(1+I_c)T]}{p-v}\right) \leqslant \theta$，即

$F\left(\dfrac{\alpha-q[v-\lambda p(1+I_c)T]}{p-v}\right) \leqslant \theta$。显然 $F(\cdot)$ 为 λ 的递增函数。

先不考虑约束条件，则上述优化问题与基本模型分析相同，其最优

解为 $\lambda^{*}=\dfrac{F^{-1}\left(\dfrac{I_r-I_c}{1+I_r}\right)(p-v)+vq_m}{pq_m(1+I_r)T}$，若其满足约束条件则为该问

题的最优解。若不满足约束条件，即 $F\left(\dfrac{\alpha-q[v-\lambda^{*}p(1+I_c)T]}{p-v}\right)>$

θ，表明此时（即风险中性）的最优的质押率大于下侧风险规避时的

质押率。此时由于 $E[\pi(\lambda)]$ 为 λ 的凹函数，因此 λ 应取满足约束条

件的最大的质押率，即最优的质押率应满足：

$$F\left(\dfrac{\alpha-q[v-\lambda_{d}^{*}(1+I_c)T]}{p-v}\right)=\theta \qquad (6-33)$$

进一步求解可得：$\lambda_{d}^{*}=\dfrac{1}{p(1+I_c)T}\left[v-\dfrac{\alpha}{q}+\dfrac{p-v}{q}F^{-1}(\theta)\right]$，$\lambda_{d}^{*}$

中下标 d 表示下侧风险规避。总结上述结论可得：

命题 6-5： 当银行为下侧风险规避时，其质押率小于或等于风

险中性时的质押率，具体取值为

$$\lambda_{d}^{*}=\begin{cases} \dfrac{F^{-1}\left(\dfrac{I_r-I_c}{1+I_r}\right)(p-v)+vq_m}{pq_m(1+I_r)T}, \\ \qquad 若 F\left(\dfrac{\alpha-q_m[v-\lambda p(1+I_c)T]}{p-v}\right) \leqslant \theta \\ \dfrac{1}{p(1+I_c)T}\left[v-\dfrac{\alpha}{q_m}+\dfrac{p-v}{q_m}F^{-1}(\theta)\right] \quad 其他 \end{cases}$$

3. 损失规避时的最优质押率

在刻画银行的风险态度时,M－V 模型和下侧风险约束均假设银行为风险规避的经济主体,然而前景理论(prospect theroy)的研究表明,经济行为主体往往对收益的增加是风险规避,而对收益的损失是风险偏好的。经济人的这种行为被称为,损失规避(loss aversion),Schweitzer & Cachon(2000)分析了损失规避时的报童模型问题,结论表明当企业为损失规避时其最优的采购量低于风险中性时的采购量;Wang & Scott(2007)进一步分析了损失规避对供应链协调的影响;沈厚才等(2004)则分析了损失规避偏好下的定制件采购问题。借鉴上述文献,令银行的效用函数为

$$U(w) = \begin{cases} W - W_0 & \text{若 } W \geqslant W_0 \\ \beta(W - W_0) & \text{其他} \end{cases} \tag{6-34}$$

其中 $\beta \geqslant 1$ 表示银行对损失规避的程度,当 $\beta = 1$ 时银行即为风险中性。W 表示销售季节结束时银行的利润,而 W_0 表示银行的参考利润,这里不妨假设为零。

令 $\pi_b(D,\lambda) = D(p-v) + q[v - \lambda p(1+I_c)T] = 0$,可得 $D_0 = \dfrac{p\lambda(1+I_c)T - v}{p - v}q$,即当最终实现的需求为 D_0 时,银行实现盈亏平衡,而当需求小于 D_0 时银行的利润小于零,否则大于零。因此,损失规避的银行的期望效用为

$$E[U(\pi_b(\lambda))] = (\beta-1)\int_0^{D_0} \{(p-v)x + q_m[v - \lambda p(1+I_c)]\}f(x)\mathrm{d}x + E[\pi_b(\lambda)] \tag{6-35}$$

进一步简化为

$$E[U(\pi_b(\lambda))] = E[\pi_b(\lambda)] - (\beta-1)\int_0^{D_0}(p-v)F(x)\mathrm{d}x \tag{6-36}$$

$$E[U(\pi_b(\lambda))] = \lambda p q_m T(I_r - I_c) - \int_0^M (p - v) F(x) \mathrm{d}x$$
$$- (\beta - 1) \int_0^{D_0} (p - v) F(x) \mathrm{d}x$$

由此可得二阶条件:

$$\frac{\partial^2 E(U)}{\partial \lambda^2} = -f(M) \frac{[p q_m (1 + I_r) T]^2}{p - v}$$
$$- (\beta - 1) f(D_0) \frac{[p q_m (1 + I_c) T]^2}{p - v} < 0$$

$$(6-37)$$

即银行期望效用为 λ 的凹函数,进而由一阶条件 $\frac{\partial E(U)}{\partial \lambda} = 0$,可得最优的质押率满足:

$$p q_m T(I_r - I_c) - F(M(\lambda_l^*)) p q_m (1 + I_r) T$$
$$- F(D_0(\lambda_l^*))(\beta - 1) p q_m (1 + I_c) T = 0 \qquad (6-38)$$

进一步可得:

$$p q_m T(I_r - I_c) - F(M(\lambda_l^*)) p q_m (1 + I_r) T$$
$$= F(D_0(\lambda_l^*))(\beta - 1) p q_m (1 + I_c) T > 0 \qquad (6-39)$$

这里 λ_l^* 表示损失规避时的最优质押率。

在基本模型的分析中得到结论:$p q_m T(I_r - I_c) - F(M(\lambda^*)) p q_m (1 + I_r) T = 0$,因此当银行为损失规避时,其最优的质押率满足:

$$p q_m T(I_r - I_c) - F(M(\lambda_l^*)) p q_m (1 + I_r) T > p q_m T(I_r - I_c) - F(M(\lambda^*)) p q_m (1 + I_r) T$$ 进而可得 $F(M(\lambda_l^*)) < F(M(\lambda^*))$,因此有 $\lambda_l^* < \lambda^*$。总结上述结论有如下命题:

命题 6-6:当银行为损失规避的经济主体时,其最优的质押率

λ_1^* 满足：$pq_mT(I_r - I_c) - F(M(\lambda_1^*))pq_m(1 + I_r)T - F(D_0(\lambda_1^*))(\beta - 1)pq_m(1 + I_c)T = 0$，且低于风险中性时的质押率，即有 $\lambda_1^* < \lambda^*$。

6.3.3　数值分析

不妨设顾客需求为 $[0, 1]$ 上的均匀分析，则其分布函数和密度函数分别为：$F(x) = x$，$f(x) = 1$。则此时制造商的采购量为 $q = \dfrac{p - w}{p - v}$。此

时，风险中性的银行的质押率为 $\lambda^* = \dfrac{\dfrac{I_r - I_c}{1 + I_r}(p - v) + vq}{pq(1 + I_r)T}$；期望

方差权衡时质押率应满足 $\lambda_{mv}^* = \arg \operatorname{Max}\Big[C - \dfrac{1}{2}AM^2 -$

$\dfrac{1}{3}\delta A^2 M^3 + \dfrac{1}{4}\delta^2 A^2 M^4\Big]$；下侧风险规避时

$$\lambda_d^* = \begin{cases} \dfrac{\dfrac{I_r - I_c}{1 + I_r}(p - v) + vq_m}{pq_m(1 + I_r)T}, \\ \quad 若 \dfrac{\alpha - q_m[v - \lambda p(1 + I_c)T]}{p - v} \leqslant \theta \\ \dfrac{1}{p(1 + I_c)T}\Big[v - \dfrac{\alpha}{q_m} + \dfrac{p - v}{q_m}\theta\Big] \quad 其他 \end{cases}$$

损失规避时的质押率为

$$\lambda_1^* = \dfrac{(p - v)(I_r - I_c) + [1 + I_r + (\beta - 1)(1 + I_c)]vq}{pqT[(1 + I_r)^2 + (\beta - 1)(1 + I_c)^2]}。$$

进一步给各参数赋值如下：$p = 100$；$w = 80$；$c = 60$；$v = 40$；$T = 2$；$I_c = 0.02$；$\delta = 0.01$；$\beta = 1.5$；$\theta = 0.1$。则各种情况下的质押率取值如表 6 - 4 所示。

表 6‑4 不同质押利息时的最优质押率

质押利息 I_r	生产批量 q	各种背景下银行最优的质押率 λ			
		风险中性	M‑V模型	下侧风险规避	损失规避
0.03	0.33	0.22	0.21	0.22	0.21
0.04	0.33	0.24	0.23	0.24	0.22
0.05	0.33	0.26	0.24	0.26	0.24
0.06	0.33	0.28	0.25	0.28	0.25
0.07	0.33	0.30	0.26	0.30	0.27

由表 6‑4 可以看出:① 当银行为风险规避或者损失规避时,其质押率低于风险中性时的质押率,而在下侧风险规避时的质押率与风险中性时相同,这与前述结论相符;② 随着质押利息收入的增加,银行最优的质押率也逐渐增加,这一结论的原因在于越高的利息费用,表明银行从存货质押融资业务中获得的边际收益也越高,因此银行愿意提供更多的贷款,即提供更高的融资质押率,此时银行面临的风险也更高,说明了高收益与高风险的对应关系。

6.4 本章结论

本章将商业信用作为供应链协调机制,研究了各种背景下商业信用协调机制对供应链的协调作用。研究结论表明,资金约束条件下商业信用协调机制可以有效地协调供应链;当零售商销售多个产品时,商业信用协调机制还能体现出一定的正外部性,即某一产品制造商的商业信用协调机制还能够提升其他产品的采购量和其他产品制造商的期望利润。与其他供应链协调机制相比,商业信用协调机制的主要优势体现在其具有融资作用和正外部性,因此在零售商资金缺口较大、零售商销售多个产品且其资金成本较大时,商业信用协调机制较其他机制更具优势。

由于与企业的库存决策具有密切的关系,因此当前逐步兴起的存货融资质押业务也可以看成是供应链上下游企业之外的第三方机构提供的商业信用。在存货融资质押业务中,最优质押率是第三方机构所要考虑的主要决策问题。在确定最优质押率时,第三方除考虑资金成本外还要权衡该服务的风险,这一风险可能来自存货价格的波动,也可能是来自存货需求的波动。

　　本章还分析了当质押融资业务的风险来自存货的需求波动风险时,在存货需求服从一般分布和违约风险内生且存货质押融资的利息率给定时,具有不同风险偏好的银行的最优存货质押率问题。文章给出了各种情形下的最优质押率,并证明了当银行为风险规避和损失规避时,最优的质押率低于风险中性时的质押率。此外数值分析的结论还表明质押率会随着利息费用的增加而增加,验证了高收益与高风险的匹配。

第7章 结论及研究展望

本书以商业信用与供应链协调为研究对象,首先分析了企业间普遍存在的商业信用及其风险对供应链协调的影响,随后本书利用中国汽车行业上市公司的财务数据实证检验了商业信用与企业库存水平间的关系,为将商业信用作为供应链协调机制提供了实证依据,然后研究了在各种背景下如何以商业信用为协调机制来协调供应链,进而实现整个供应链的最优。本书取得了较多有意义的研究结论,同时也存在着众多不足和值得进一步研究的课题。

7.1 本书的主要结论

本书的研究结论表明,商业信用对供应链协调有着不可忽略的影响:当商业信用给定时,由于信用风险的存在,供应商在一定的条件下可能会选择不满足零售商的采购批量,供应商这一规避风险的行为会导致供应链不能实现协调,因此信用风险也是阻碍供应链协调的一个重要因素;当商业信用导致的风险较小时,供应商可以将商业信用作为供应链协调机制,以实现供应链的协调,而且这一协调机制在零售商面临资金约束时具有其他协调机制所不具有的独特优势;实践中普遍存在的库存质押融资则可以看作是第三方提供的商业信用,而同样是由于风险的存在,第三方机构在提供质押服务时,往往会确定一个合适的质押率,这一质押率不仅取决于质押融资的风险也取决于第三方的风险偏好;商业信用对企业库存的影响得到了理论界的普遍认可和研究,然而相关的研究缺少实证检验的支持,本书的实证研究结论表明企业的库存天数与应付款天数存在着显著的正相关关系,说明宽松的商业信用政策能够有效的鼓励采购商提升采购批量,支持了以商业信用作为供应链协调机制的做法。

具体而言,本书的研究内容及其相关的研究结论有四个方面。

(1)给定商业信用政策时,信用风险的存在会导致供应商的最优发货量低于零售商采购量的情形出现,而经典的供应链协调文献,由于忽略了企业间的商业信用,均认为增加零售商的采购批量是供应商的最优选择。因此,该部分的结论从另一个完全不同的视角分析了供应链库存协调问题,指出了阻碍供应链协调的另一个重要因素,即信用风险。这一结论丰富了供应链库存管理的理论,并为实务界安排供应链中的资金流进而实现供应链的优化提供了更多的思考和指导。

在这一部分的研究中,商业信用的风险来自需求的波动性所导致的零售商丧失支付能力的风险。实践中,随着市场竞争程度的加剧、技术更新换代的加快以及产品生命周期的缩短,产品的需求呈现出波动性增加的趋势,当产品的终端需求较小时,零售商通过产品销售和期末残值而获得收入就有可能低于应支付给供应商的货款,此时零售商就有可能产生违约的风险。此时,供应商为规避风险,就有可能会降低发货量进而避免由于需求量较小所导致的库存积压和零售商违约。在不同的参数取值下,零售商的最优选择包括三种情况:减小零售商的采购量、增加零售商的采购批量但增加后的批量仍旧小于供应链最优的采购批量以及增加至供应链最优的采购批量。当前两种情况出现时,供应链就难以实现协调,此时零售商可以通过提前支付货款并要求价格折扣的方式而实现供应链的协调。而淘宝网开发的网上支付工具"支付宝"则有效控制了网上交易中的信用风险,进而促进了网上 C2C 贸易的发展和淘宝网的巨大成功。

（2）商业信用政策对库存的影响得到了大量的研究,相关的理论研究成果缺乏实证研究的检验。本书利用中国汽车行业上市公司的数据,用实证检验的方法说明了供应商提供的商业信用能够有效地提升下游企业的库存采购量,外在的表现为企业的库存天数与其应付款天数显著正相关。上述结论既验证了传统的商业信用与企业间库存关系的理论结果,也说明了将商业信用作为协调机制进而协调供应链的做法是合理可行的。此外,上述结论也说明了已有的有关企业库存影响因素的实证研究未能考虑商业信用这一重要因素是不尽合理的。

在本部分的研究中,我们收集了汽车行业 44 家上市公司 1996～2005 年度的财务数据,用 STATA 软件分析了企业的库存天数与应付款天数间的关系,同时以企业毛利率、一年期贷款利率及通货膨胀率间的为控制变量。研究的结论表明,在不同的样本（整车制造商、零配件制造商、整体样本）,不同的计量模型中（随机效应、固定效应等）,企业的库存天数与应付款天数间均存在着显著的正相关关系,企业的库存天数与企业毛利率间的关系不显著、库存天数与一年期贷款利率间存在着正相关的关系,库存天数与通货膨胀率间关系不显著。在上述结论中,应付款与库存水平间的正相关关系是由于商业信用在资金节约、信号传递以及缓解资金约束方面的作用所致;而库存水平与短期利率间的关系可能是由于部分汽车是以分期付款的方式进行销售,因此当贷款利率增加时,购车成本上升进而导致需求量下降和库存增加。其他因素与库存水平间并不显著相关关系,说明这些因素对汽车及其零配件制造企业的库存决策影响不大。

（3）商业信用可以作为供应链协调机制以实现供应链的协调和优化,这一协调机制在购货企业面临资金约束时往往更具优势,而信息不完全,无论是单边的或者是双边的信息不完全,都会阻碍商业信用对供应链的协调。以商业信用作为供应链协调机制还能够有效的降低供应链协调的操作成本，提升可操作性。因此本部分给出的商业信用协调机制不仅仅是传统供应链协调机制的简单的重复，而是具有较强的理论创新。

在这一部分研究中，文章对各种背景下的供应链均进行了分析，包括确定性需求、随机需求、需求依赖于库存、易腐物品、资金约束、信息不完全以及双边信息不完全。在完全信息下，文章的结论表明协调供应链的商业信用的长度存在着上下两个界限，当商业信用取最长时，零售商获得供应链协调的全部收益，当商业信用取最短时，制造商获得供应链协调的全部收益，而商业信用的最终长度取决于双方的谈判能力和市场地位。而当资金不足的零售商向多个供应商采购商品时，某一个供应商的商业信用政策也能够增加其他供应商的产品销售量，此时商业信用政策具有一定的正外部性特点。在单边不完全信息下，当供应商对零售商的资金成本信息具有不完全信息时，供应商可以通过设置一系列的"菜单合同"而实现期望成本的最小化，此时供应链不能实现协调，因为在供应商最优的合同中，采购批量即未达到供应链最优。而在双边的不完全信息下，供应链也未能实现协调，其原因在于供应商与零售商达成交易的概率降低，即在完全信息下应该达成的交易，在双边不完全信息下就有可能难以实现。

（4）在存货质押融资业务中，一个重要的决策变量在于如何确定最优的质押率。本书将需求波动导致的风险视为存货融资业务的一个重要风险，进而给出了当供应商在不同的风险偏好下，如何确定最优的存货融资质押率。研究的结论表明，产品的边际利润率越低、需求的波动性越大、第三方的风险厌恶程度越高，这一质押率就会越低。

在商业信用政策下，若供应商允许延期付款，则供应商向零售商提供信用融资，反之当商业信用以提前支付的方式存在时，则零售商向供应商提供融资支持。当供应链上的交易双方均存在资金约束,或者由于风险的存在导致双方之间难以利用商业信用政策时,银行或者第三方物流企业提供的信用融资就会发挥出重要的作用,目前普遍兴起的"物流金融"、"存货质押融资"等业务即是这方面的代表,而第三方提供的信用由于与产品交易密切相关,也因此可以看成是另一种形式的商业信用。

7.2 研究展望

由于能力及时间限制,本书对很多问题的研究仍然停留在较浅的层面,在模型假设、研究方法以及实证检验方面都存在很多的局限,还有很多的问题需要而且值得进一步深入的研究,这些问题也将是笔者未来的研究方向。具体而言,当前研究的不足(也是未来研究的可行方向)主要包括以下几个方面:

(1)在给定商业信用政策下的供应链库存决策中,文章忽略了商业信用本身所导致的资金成本或者资金收益。尽管我们已经说明这一简化不会影响文章结论的可靠性,即当考虑资金成本时供应商更有可能会降低零售商的采购批量。然而,若能引入商业信用导致的资金成本则将模型将能够更加精确地给出商业信用政策下供应商的选择。此外,在这一问题的研究中我们还忽略了当零售商具有完全的支付能力时仍然存在着恶意违约的可能,这一情况在国际贸易中并不罕见。因此将这些问题纳入模型的分析将有助于更加深入全面地理解商业信用及其风险对供应链协调的影响。

(2)在分析交易对供应链的协调作用时,论文忽略了商业信用的风险,尽管在很大范围内忽略商业信用的风险是合理的,但是引入信用风险将能够扩大结论的适用范围,同时增加结论的科学性和理论深度。需要指出的是当前学术界就如何刻画商业信用风险并无统一的认识,而且相关的模型较为缺乏,因此如何刻画商业信用的风险仍将是一个颇具挑战的工作。此外,本书的商业信用均以延期付款的形式存在,实践中预付货款也大量存在,尤其是当供应商面临资金短缺,或者是供应商生产能力有限而众多零售商又需要竞争这一资源时,预付货款就会发挥重要的作用,因此分析以预付货款来实现供应链库存的协调与优化将是十分有趣且有意义的研究课题。

(3)在分析库存质押融资的质押率问题时,我们在考虑风险时仅仅将这一业务的风险限制在需求波动导致的风险,而没有进一步的考虑产品的价格和需求同时波动导致的风险。同时考虑需求波动和价格波动导致的风险将是值得进一步研究的方向,然而可以预计的是,综合考虑价格和需求波动导致的风险将会大大的增加分析的难度。质押融资与库存密切相关,而其他的物流金融服务也与企业间交易及其库存密切相关,因此进一步分析其他物流金融服务问题,如物流金融服务的定价、风险分担问题也将值得深入的研究。可喜的是,当前学术界开始在这一领域进行了探索。

(4)在实证分析中,利用了汽车行业的上市公司的年度财务报表数据,时间跨度为 10 年,而公司样本数为 44 家。这一样本的问题在于,企业财务报表数据不够详细,如关于企业库存数据中,财务报表仅仅给出了总的库存数据而未对原材料库存、在制品库存和产成品库存进行区分;而在计算应付款天数时,从财务报表并不能获得企业采购成本的数据,文章只能以企业的销售成本作为替代。未来的研究可以利用更大的样本,以及通过问卷调查等方式获取更加准确的、更具针对性的数据以获得更加可靠的结论,同时分析其他行业,尤其是零售行业的商业信用与企业库存间的关系。

综上所述,未来的研究方向可以从两个方面展开:① 放松本书研究的假设,考虑更加复杂的更符合现实的情境下,商业信用对供应链库存协调管理的影响;② 分析本书未曾研究的有关商业信用与供应链库存管理间的问题。

参 考 文 献

[1] Abad P L. Supplier pricing and lot-sizing when demand is price-sensitive [J]. European Journal of Operational Research, 1994, 78(3): 334 - 354.

[2] Abad P L, Jaggi C K. A joint approach for setting unit price and the length of the credit period for a seller when end demand is price sensitive [J]. International Journal of Production Economics, 2003, 83(2): 115 - 122.

[3] Acemoglu D, Simon J. Unbundling institutions [J]. Journal of Political Economy, 2005, 113(5): 949 - 995.

[4] Aggarwal S P, Jaggi C K. Ordering policies of deteriorating items under permissible delay in payments [J]. Journal of the Operational Research Society, 1995, 46(5): 658 - 662.

[5] Allayannis G, Ihrig J, Weston J. Exchange-rate hedging: financial versus operational strategies [J]. The American Economic Review, 2001, 91(2): 391 - 395.

[6] Franklin A, Qian J, Qian M J. Law, finance, and economic growth in China [J]. Journal of Financial Economy, 2005, 77(1): 57 - 116.

[7] Amony M, Plambeck E L. The Impact of Duplicate Orders on Demand Estimation and Capacity Investment. Working

paper, New York University and Stanford University, 2003.

[8] Anupindi R, Bassok Y, Zemel E. A general framework for the study of decentralized distribution systems [J]. Manufacturing and Service Operations Management. 2001, 3(4): 349-368.

[9] Arcelus F J, Shah N H, Srinivasan G. Retailer's pricing, credit and inventory policies for deteriorating items in response to temporary price/credit incentives [J]. International Journal of Production Economics, 2003, 81: 153-162.

[10] Archibald T W, Thomas L C, Betts J M, Johnston R B. "Should Start-up Companies Be Cautious? Inventory Policies Which Maximize Survival Probabilities" [J]. Management Science, 2002, 48(9): 1161-1174.

[11] Babich V, Aydin G, Brunet P Y, Keppo J, Saigal R. Risk, financing and the optimal number of suppliers. Working paper, University of Michigan, 2006.

[12] Babich V, Burnetas A N, Ritchken P H. Competition and diversification effects in supply chains with supplier default risk [J]. Manufacturing and Service Operations Management, 2007, 9(2): 123-146.

[13] Babich V. Dealing with supplier bankruptcies: costs and benefits of financial subsidies. Working paper, University of Michigan, 2007.

[14] Baltagi B H. Econometric Analysis of Panel Data (3rd Edition) [M]. John Wiley & Sons Ltd, 2005.

[15] Benton W C, Seungwook P. A classification of literature on determining the lot size under quantity discounts [J].

European Journal of Operational Research，1996，92（2）：219－238.

[16] Bernstein F，DeCroix G A. Decentralized Pricing and Capacity Decisions in a Multi-Tier System with Modular Assembly. Duke University，working paper，2002.

[17] Bhunia A K，Maiti M. A two warehouse inventory model for deteriorating items with a linear trend in demand and shortages [J]. Journal of the Operational Research Society，1998，49(3)：287－292.

[18] Biais，Bruno，Gollier，Christian. Trade credit and credit rationing [J]. Review Financial Study，1997，10（4）：903－937.

[19] Bolton G E，Katok E. Learning by doing in the newsvendor problem：a laboratory investigation of the role of experience and feedback [J]. Manufacturing and Service Operations Management，2008，10：519－538.

[20] Boyabatlh O. Toktay L B. The interaction of technology choice and financial risk management：an integrated risk management perspective. Working paper，INSEAD，France，2006.

[21] Brennan，Michael J，Maksimovic V，Zezhner J.Vendor financing [J]. Journal of Finance，1988，43(5)：1127－1141.

[22] Bumetas A，Gilbert S M. Quantity discounts in single period supply contracts with asymmetric demand information. Case Western Reserve University and the university of Texas. Working paper，2002.

[23] Burkart M，Ellingsen T. In-Kind Finance：A Theory of Trade Credit [J]. The American Economic Review，2004，

94(3): 569 - 590.

[24] Buzacott J A, Zhang R Q. Inventory management with asset-Based financing [J]. Management Science, 2004, 50 (9): 1274 - 1292.

[25] Cachon G P, Lariviere M A. Capacity choice and allocation strategic behavior and supply chain performance [J]. Management Science, 1999, 45: 1091 - 1108.

[26] Cachon G P, Lariviere M A. Supply chain coordination with revenue-sharing contracts: strengths and limitations. University of Pennsylvania and NoRhwest University. Working paper, 2002.

[27] Cachon G P. Olivares M. Drivers of finished goods inventory performance in the U. S. Automobile industry. Working paper, University of Pennsylvania, 2006.

[28] Caldentey R, Wein L. Analysis of a production-inventory system. Massachusetts Institute of Technology working paper. Cambridge, MA. 1999.

[29] Chakravarty A K, Martin G E. Operational economics of a process positioning determinant [J]. Computers and Operational Research, 1991, 18: 515 - 530.

[30] Chand S, Ward J. A note on economic order quantity under conditions of permissible delay in payments [J]. Journal of the Operational Research Society, 1987, 38: 83 - 84.

[31] Chang C T. An EOQ model with deteriorating items under inflation when supplier credits linked to order quantity [J]. International Journal of Production Economics, 2004, 88: 307 - 316.

[32] Chang C T, Ouyang L Y, Teng J T. An EOQ model for

deteriorating items under supplier credits linked to ordering quantity [J]. Applied Mathematical Modelling, 2003, 27: 983 - 996.

[33] Chang H J, Dye C Y. An inventory model for deteriorating items with partial backlogging and permissible delay in payments [J]. International Journal of Systems Science, 2001, 32: 345 - 352.

[34] Chang H J, Teng J T, Ouyang L Y, Dye C Y. Retailer's optimal pricing and lot sizing policies for deteriorating items with partial backlogging [J]. European Journal of Operational Research, 2006, 168: 51 - 64.

[35] Chang H J, Hung C H, Dye C Y. An inventory model for deteriorating items with linear trend demand under the condition that permissible delay in payments [J]. Production Planning and Control, 2001, 12: 274 - 282.

[36] Chapman C B, Ward S C, Cooper D F, Page M J. Credit policy and inventory control [J]. Journal of the Operational Research Society, 1985, 35: 1055 - 1065.

[37] Chatterjee K, Samuelson W. Bargaining under incomplete information [J]. Operations Research, 1983, 31 (5): 835 - 851.

[38] Chen F, Federgruen A. Mean-Variance Analysis of Basic Inventory Models. Working paper, Columbia University, New York, 2000.

[39] Chen F, Federgruen A, Zheng Y. Coordination mechanisms for decentralized distribution systems with one supplier and multiple retailers [J]. Management Science, 2001, 47 (5): 693 - 708.

[40] Chen H, Frank M Z, Wu O Q. What Actually Happened to the Inventories of American Companies Between 1981 and 2000? [J]. Management Science, 2005, 51(7): 1015 – 1031.

[41] Choi T M, Li D, Yan H, Chiu C H. Channel coordination in supply chains with agents having mean-variance objectives [J]. Omega, 2008, 36(4): 565 – 576.

[42] Chu P, Chung K J, Lan S P. Economic order quantity of deteriorating items under permissible delay in payments [J]. Computer and Operations Research, 1998, 25: 817 – 824.

[43] Chung K J, Liao J J. The optimal ordering policy in a DCF analysis for deteriorating items when trade credit depends on the order quantity [J]. International Journal of Production Economics, 2006, 100: 116 – 130.

[44] Chung K J, Goyal S K, Huang Y F. The optimal inventory policies under permissible delay in payments depending on the ordering quantity [J]. International Journal of Production Economics, 2005, 95: 203 – 213.

[45] Chung K H. Inventory control and trade credit revisited [J]. Journal of the Operational Research Society, 1989, 40: 495 – 498.

[46] Chung K J. Bounds on the optimum order quantity in a DCF analysis of the EOQ model under trade credit [J]. Journal of Information and Optimization Sciences, 1999, 20: 137 –148.

[47] Chung K J, Huang C K. The convexities of the present value functions of all future cash outflows in inventory and credit [J]. Production Planning and Control, 2000, 11: 133 – 140.

[48] Chung K J. A Theorem on the determination of economic

order quantity under conditions of permissible delay in payments [J]. Computers and Operations Research, 1998, 25(1): 49 - 52.

[49] Corbett C J. Stochastic inventory systems in a supply chain with asymmetric information: Cycle stocks, safety stocks and consignment stock [J]. Operations Research, 2001, 49(4): 487 - 500.

[50] Corbett C J, Groote X. A supplier's optimal quantity discount policy under asymmetric information [J]. Management Science, 2000, 46(3): 444 - 450.

[51] Corbett C J, Montes-Sancho M J, Kirsch D A. The Financial Impact of ISO 9000 Certification in the United States: An Empirical Analysis [J]. Management Science, 2005, 51(7): 1046 - 1059.

[52] Coricelli F. Finance and growth in economies in transition [J]. European Economy Review, 1996, 40: 645 - 653.

[53] Cui T H, Jagmohan S. Raju Z, Zhang J. Fairness and channel coordination [J]. Management Science, 2007, 53 (8): 1303 - 1314.

[54] Cull R, Xu L C. Who gets credit? The behavior of bureaucrats and state banks in allocating credit to Chinese state-owned enterprises [J]. Journal of Development Economy, 2003, 71(2): 533 - 559.

[55] Cull R, Xu L C. Institutions, ownership, and finance: The determinants of profit reinvestment among Chinese firms [J]. Journal of Financial Economy, 2005, 77(1): 117 - 146.

[56] Cunningham R. Estimating the effects of finance constraints and social learning on inventory investment, trade credit and

capital investment decisions ［D］. Carleton University, Canada, 2004.

［57］ Daellenbach H G. Inventory control and trade credit ［J］. Journal of the Operational Research Society, 1986, 37: 525 - 528.

［58］ Dana J D, Spier K E. Revenue Sharing and vertical control in the video rental industry ［J］. The Journal of industrial Economics, 2001, 51(3): 223 - 245.

［59］ Davis R A, Norman Gaither. Optimal ordering policies under conditions of extended payment privileges ［J］. Management Science, 1985, 31(4): 499 - 509.

［60］ Dawn B S, Bassok Y, Anupindi R. Coordination and flexibility in supply contracts with options ［J］. Manufacturing and Service Operations Management, 2002, 4(3): 171 - 207.

［61］ Demirguc-Kunt, Asli, Maksimovic, Vojislav. Firms as financial intermediaries: Evidence from trade credit data ［R］. World Bank, 2001.

［62］ Gupta D, Wang L. The Impact of Trade-Credit Terms on Inventory Decisions. Working paper, 2002.

［63］ Donselaar K H, Gaur V, Woensel T. An Empirical Study of Ordering Behavior of Retail Stores. Working paper, Eindhoven University of Technology and New York University, 2006.

［64］ Drezner Z, Wong R T. Multi-buyer discount pricing ［J］. European Journal of Operational Research, 1989, 40: 38 - 42.

［65］ Emery, Gary W. A pure financial explanation for trade credit ［J］. Journal of Financial and Quantitative Analysis, 1984,

19(3): 271-285.

[66] Emery G W. An optimal financial response to variable demand [J]. Journal of Financial and Quantitative Analysis, 1987, 22(2): 209-225.

[67] Emmons H, Gilbert S. Returns policies in pricing and inventory decisions for catalogue goods [J]. Management Science. 1998, 44(2): 276-283.

[68] Farris M T, Hutchison P D. Cash-to-cash: the new supply chain management metric [J]. International Journal of Physical Distribution and Logistics Management, 2002, 32(3): 288-298.

[69] Ferris J S. A transactions theory of trade credit use [J]. Quarterly Journal of Economics, 1981, 96(2): 243-270.

[70] Fisman R, Love L. Trade credit financial intermediary development and industry growth [J]. Journal of Finance, 2003, 58(1): 353-374.

[71] Fisman R, Love I. Trade credit, financial intermediary development and industry growth [J]. Journal of Finance, 2003, 58(1): 353-374.

[72] Fisman R, Mayank R. Does competition encourage credit provision? Evidence from African trading relationships [J]. Review Economics of Statistics, 2004, 86(1): 345-352.

[73] Franklin A, Qian J, Qian M. Law, finance and economic growth in China [J]. Journal of Financial Economics, 2005, 77(1): 57-116.

[74] Fullerton R R, McWatters C S, Fawson C. An examination of the relationships between JIT and financial performance [J]. Journal of Operations Management. 2003, 21:

383 – 404.

[75] Gan X H, Sureshethi P S, Yan H M. Coordination of Supply Chains with Risk-Averse Agents [J]. Production and Operations Management, 2004, 13(2): 135 – 149.

[76] Gaur V, Fisher M L, Raman A. An econometric analysis of inventory turnover performance in retail services [J]. Management Science, 2005, 51(2): 181 – 194.

[77] Gaur V, Kesavan S. The Effects of Firm Size and Sales Growth Rate on Inventory Turnover Performance in the U. S. Retail Sector. Working paper, New York University and Harvard University, 2005.

[78] Ge Y, Qiu J P. Financial development, bank discrimination and trade credit [J]. Journal of Banking and Finance, 2007, 31(2): 513 – 530.

[79] Gerchak Y, Wang Y Z. Revenue Sharing vs Wholesale-Price Contracts in Assembly Systems with Random Demand. Working paper, University of Waterloo and Case Western Reserve University, 2000.

[80] Giri B C, Chaudhuri K S. Deterministic models of perishable inventory with stock-dependent demand rate and nonlinear holding cost [J]. European Journal of Operational Research, 1998, 105(3): 467 – 474.

[81] Goyal S K, Giri B C. Recent trends in modeling of deteriorating inventory [J]. European Journal of Operational Research 2001, 134: 1 – 16.

[82] Goyal S K. Economic order quantity under conditions of permissible delay in payments [J]. Journal of the Operational Research Society, 1985, 36(4): 335 – 338.

[83] Ha A. Supply contract for short-life-cycle product with demand uncertainty and symmetric cost information. Working Paper, Yale School of Management, 1997.

[84] Haley C W, Higgins H C. Inventory policy and trade credit financing [J]. Management Science, 1973, 20: 464 - 471.

[85] Ho C H, Ouyang L Y, Su C H. Optimal Pricing, Shipment and Payment Policy for An Integrated Supplier - Buyer Inventory Model with Two-Part Trade Credit [J]. European Journal of Operational Research, 2008, 187(2): 496 - 510.

[86] Huang Y F. Economic order quantity under conditionally permissible delay in payments [J]. European Journal of Operational Research, 2007, 176: 911 - 924.

[87] Huang Y F. An inventory model under two-levels of trade credit and limited storage space derived with out derivatives [J]. Applied Mathematical Modeling, 2006, 30: 418 - 436.

[88] Huang Y F, Hsu K H. An EOQ model under retailer partial trade credit policy in supply chain [J]. International Journal of Production Economics, 2008, 112: 655 - 664.

[89] Huang Y F. Optimal retailer's ordering policies in the EOQ model under trade credit financing [J]. Journal of the Operational Research Society, 2003, 54: 1011 - 1015.

[90] Huchzermeier A, Cohen M A. Valuing operational flexibility under exchange rate risk [J]. Operations Research, 1996, 44(1): 100 - 113.

[91] Humphreys B R. The behavior of manufacturers' inventories: Evidence from US Industry level data [J]. International Journal of Production Economics, 2001, 71: 9 - 20.

[92] Hwang H, Shinn S W. Retailer's pricing and lot sizing policy

for exponentially deteriorating products under the condition of permissible delay in payments [J]. Computers and Operations Research, 1997, 24: 539 – 547.

[93] Jaber M Y, Osman I H. Coordinating a two-level supply chain with delay in payments and profit sharing [J]. Computers and Industrial Engineering, 2006, 50(4): 385 – 400.

[94] Jaggi C K, Aggarwal S P. Credit financing in economic ordering policies of deteriorating items [J]. International Journal of Production Economics, 1994, 34: 151 – 155.

[95] Jaggi J K, Goyal S K, Goel S K. Retailer's optimal replenishment decisions with credit linked demand under permissible delay in payments [J]. European Journal of Operational Research, 2008, 190: 130 – 135.

[96] Jamal A M M, Sarker B R, Wang S. Optimal payment time for a retailer under permitted delay of payment by the wholesaler [J]. International Journal of Production Economics, 2000, 66: 59 – 66.

[97] Jamal A M M, Sarker B R, Wang S. An ordering policy for deteriorating items with allowable shortage and permissible delay in payment [J]. Journal of the Operational Research Society, 1997, 48: 826 – 833.

[98] Jamal A M M, Sarker B R, Wang S. Optimal payment time for a retailer under permitted delay of payment by the wholesaler [J]. International Journal of Production Economics, 2000, 66: 59 – 66.

[99] Kahneman D, Tversky A. Prospect Theory: an analysis of decision under risk [J]. Econometrica, 1979, 47(2):

263 - 291.

[100] Kazaz B, Dada M, Moskowitz H. Global production planning under exchange-rate uncertainty [J]. Management Science, 2005, 51(7): 1101 - 1119.

[101] Khouja M, Mehrez A. Optimal inventory policy under different supplier credits [J]. Journal of Manufacturing Systems, 1996, 15: 334 - 339.

[102] Kim K H, Hwang H. An incremental discount pricing schedule with multiple customers and single price break [J]. European Journal of Operational Research, 1988, 35: 71 - 79.

[103] Kim Y H, Chung K H. An integrated evaluation of investment in inventory and credit: A cash flow approach [J]. Journal of Business Finance and Accounting, 1990, 17: 381 - 390.

[104] Korpela J, Heiko K K. An analytic approach to production capacity allocation and supply chain design [J]. International Journal of Production Economics 2002, 78: 187 - 195.

[105] Lai G, Deboa L G, Sycara K. Sharing inventory risk in supply chain: The implication of financial constraint [J]. Omega, 2009, 37: 811 - 825.

[106] Lal R, Staelin R. An approach for developing an optimal discount pricing policy [J]. Management Science, 1984, 30(12): 1524 - 1539.

[107] Lariviere M, Porteus E. Selling to the newsvendor: an analysis of price-only contracts [J]. Manufacturing and Service Operations Management, 2001, 3(4): 293 - 305.

[108] Lederer P J, Singhal V R. The effect of financing decisions on the choice of manufacturing technologies [J]. International Journal of Flexible Manufacturing Systems 1994, 6(4): 333 - 360.

[109] Lee H, Taylor T A. Price protection in the personal computer industry [J]. Management Science, 2000, 46: 467 - 482.

[110] Lee Y W, John D, Stowe. Product risk, asymmetric information, and trade credit [J]. Journal of Financial and Quantitative Analysis, 1993, 28(2): 285 - 300

[111] Lee H, Rosenblatt M J. A generalized quantity discount pricing model to increase supplier profits [J]. Management Science, 1986, 32(9): 1178 - 1185.

[112] Liao H C, Tsai C H, Su C T. An inventory model with deteriorating items under inflation when a delay in payment is permissible [J]. International Journal of Production Economics, 2000, 63: 207 - 214.

[113] Liao J J. An EOQ model with non-instantaneous receipt and exponentially deteriorating items under two-level trade credit policy [J]. International Journal of Production Economics, 2008, 113: 852 - 861.

[114] Lieberman M B, Demeester L. Inventory reduction and productivity growth: Linkages in the Japanese automotive Industry [J]. Management Science, 1999, 45 (4): 466 - 485.

[115] Lieberman M B, Helper S, Demeester L. The empirical determinants of inventory levels in high-volume manufacturing [J]. Production and Operations

Management, 1999, 8(1): 44 – 55.

[116] Li L, Shubik M, Sobel M J. Control of Dividends, Capital Subscriptions, and Physical Inventories. Working paper, 2005.

[117] Long M, Ileen Malitz, Abraham R. Trade credit, quality guarantees, and product marketability [J]. Financial Management, 1993, 22(4): 117 – 127.

[118] Luo J W. Buyer-vendor inventory coordination with credit period incentives [J]. International Journal of Production Economics, 2007, 108: 143 – 152.

[119] Markowitz H M. Portfolio section [J]. Journal of Finance, 1952, 7: 77 – 91.

[120] Martínez-de-Albéniz Victor, David Simchi-Levi. Mean-Variance Trade-offs in Supply Contracts [J]. Naval Research Logistics, 2006, 53: 603 – 616.

[121] McCardle K, Rajaram K, Tang C S. Advance booking discount programs under retail competition. Working paper, University of Texas at Dallas, 2002.

[122] Mian S L, Smith C. Accounts receivable management policy: Theory and evidence [J]. Journal of Finance, 1992, 47(1): 169 – 200.

[123] Mieghem J V. Capacity Management, Investment, and Hedging: Review and Recent Developments [J]. Manufacturing and Service Operations Management, 2003, 5(4): 269 – 302.

[124] Monahan J P. A quantity discount pricing model to increase vendor profits [J]. Management Science, 1984, 30 (6): 720 – 726.

[125] Mostard J, Koster R, Teunter R. The distribution-free newsboy problem with resalable Returns. Working paper, Erasmus University Rotterdam, 2003.

[126] Munson C L, Rosenblatt M J. Coordinating a three-level supply chain with quantity discounts [J]. IIE Transactions, 2001, 33: 371 - 384.

[127] Munson L C, Rosenblatt J M. Theories and realities of quantity discounts: an exploratory study [J]. Production and Operations Management, 1998, 4: 352 - 369.

[128] Nadiri M I. The determinant of trade credit in the US total manufacturing [J]. Econometrica, 1969, 37(3): 408 - 424.

[129] Nash J F. Non-cooperative Games [J]. The Annals of Mathematics, 1951, 54: 286 - 295.

[130] Ng C K, Smith J K, Smith R L. Evidence on the determinants of credit terms used in interfirm trade [J]. Journal of Finance, 1999, 54(3): 1109 - 1129.

[131] Ozer O, Wei W. Strategic commitment for capacity decision under asymmetric optimal forecast information. Working paper, Stanford University, 2003.

[132] Padmanabhan V, Png I P L. Returns policies: make money by making good [J]. Sloan Management Review, 1995, 65 - 72.

[133] Pakkala T P M, Achary K K. A deterministic inventory model for deteriorating items with two warehouses and finite replenishment rate [J]. European Journal of Operational Research, 1992, 57: 71 - 76.

[134] Parlar M, Wang Q. Discounting decisions in a supplier-buyer relationship with a linear buyer's demand [J]. IIE

Transactions, 1994, 26: 34 - 41.

[135] Pasternack S A. Optimal Pricing and Return Policies for Perishable Commodities [J]. Marketing Science, 1985, 14(2): 166 - 176.

[136] Petersen M, Rajan R. Trade credit: Theories and evidence [J]. Review of Financial Studies, 1997, 10(3): 661 - 691.

[137] Rajagopalan S, Malhotra A. Have U. S. manufacturing inventories really decreased? An empirical study [J]. Manufacturing and Service Operations Management, 2001, 3(1): 14 - 24.

[138] Roth. Axiomatic Models in Bargaining [M]. Spring-Velag, 1979.

[139] Roumiantsev S, Netessine S. Should inventory policy be lean or responsive? Evidence for US public companies. Working paper, University of Pennsylvania, 2005.

[140] Roumiantsev S, Netessine S. What can be learned from classical inventory models: a cross-industry empirical investigation? Working paper, University of Pennsylvania, 2005.

[141] Sarmah S P, Acharya D, Goyal S K. Buyer vendor coordination models in supply chain management [J]. European Journal of Operational Research, 2006, 175(1): 1 - 15.

[142] Sana S S, Chaudhuri K S. A deterministic EOQ model with delays in payments and price-discount offers [J]. European Journal of Operational Research, 2008, 184(2): 509 - 533.

[143] Sarker B R, Jamal A M M, Wang S. Supply chain model for perishable products under inflation and permissible delay

in payment [J]. Computers and Operations Research, 2000, 27: 59 - 75.

[144] Sarma K V S. A deterministic order level inventory model for deteriorating items with two storage facilities [J]. European Journal of Operational Research, 1987, 29: 70 - 73.

[145] Schuster D B, Bassok Y, Anupindi R. Coordination and flexibility in supply contracts with options [J]. Manufacturing and Service Operations Management, 2002, 4(3): 171 - 207.

[146] Schwartz R A. An economic model for trade credit [J]. Journal of Financial and quantitative analysis, 1974, 9(4): 643 - 657.

[147] Schweitzer M E, Cachon G P. Decision bias in the newsvendor problem with a known demand distribution: experimental evidence [J]. Management Science, 2000, 46(3): 404 - 420.

[148] Seifert D, Seifert R W, Protopappa-Sieke M. A review of trade credit literature: Opportunities for research in operations [J]. European Journal of Operational Research, 2013, 231(2): 245 - 256.

[149] Sharker B R, Jamal A M, Wang S. Optimal payment time under permissible delay for products with deterioration [J]. Production Planning and Control, 2000, 11: 380 - 390.

[150] Smith J K. Trade credit and informational asymmetry [J]. Journal of Finance, 1987, 42(4): 863 - 872.

[151] Spengler J. Vertical integration and antitrust policy [J].

Journal of Political Economy, 1950: 347 - 352.

[152] Sucky E. A bargaining model with asymmetric information for a single supplier-single buyer problem [J]. European Journal of Operational Research, 2006, 171: 516 - 535

[153] Taylor T A, Plambeck E L. Supply Chain Relationships and Contracts: The Impact of Repeated Interaction on Capacity Investment and Procurement. Columbia University and Stanford University, working paper, 2003.

[154] Taylor T A. Supply chain coordination under channel rebates with sales effort effects [J]. Management Science, 2002, 48: 992 - 1007.

[155] Teng J T, Chang C T. Optimal manufacturer's replenishment policies in the EPQ model under two-levels of trade credit policy [J]. European Journal of Operational Research, 2009, 195: 358 - 363.

[156] Teng J T, Chang C T, Goyal S K. Optimal pricing and ordering policy under permissible delay in payments [J]. International Journal of Production Economics, 2005, 97: 121 - 129.

[157] Teng J T. On the economic order quantity under conditions of permissible delay in payments [J]. Journal of the Operational Research Society, 2002, 53(8): 915 - 918.

[158] Trippi M A, Lewin D E. A present value formulation of the classical EOQ problem [J]. Decision Science, 1974, 5: 30 - 35.

[159] Tsao Y C. Retailer's optimal ordering and discounting policies under advance sales discount and trade credits [J]. Computers and Industrial Engineering, 2009, 56: 208 - 215.

[160] Tsay A. Risk sensitivity in distribution channel partnership: implications for manufacturer return policies [J]. Journal of Retailing, 2002, 7(8): 147 - 160.

[161] Viswanathan S, Wang Q. Discount pricing decision in distribution channels with Price-sensitive demand [J]. European Journal of Operational Research, 2003, 149: 571 - 587.

[162] Wang C X, Webster S. Channel coordination for a supply chain with a risk-neutral manufacturer and a loss averse retailer [J]. Decision Sciences, 2007, 38(3): 361 - 389.

[163] Wang Q, Wu Z. Improving a supplier's quantity discount gain from many different buyers [J]. IIE Transactions, 2000, 32: 1071 - 1079.

[164] Wang Q. Determination of supplier's optimal discount schedules with heterogeneous buyers [J]. Naval Research Logistics, 2002, 49(1): 46 - 59.

[165] Weng Z K, Wong R T. General models for the supplier's all-unit quantity discount policy [J]. Naval Research Logistics, 1993, 40: 971 - 991.

[166] Weng Z K. Modelling quantity discounts under general price-sensitive demand functions: Operational policies and relationships [J]. European Journal of Operational Research, 1995b, 86: 300 - 314.

[167] Weng Z K. Channel coordination and discounts [J]. Management Science, 1995, 41: 1509 - 1522.

[168] Xu X, Birge J R. Equity valuation, production, and financial planning: a stochastic programming approach [J]. Naval Research Logistics, 2006, 53(7): 641 - 55.

[169] Xu X, Birge J R. Joint production and financing decisions:

modeling and analysis. Working paper, Northwestern University, 2004.

[170] Yang H L. Two-warehouse inventory models for deteriorating items with shortages under inflation [J]. European Journal of Operational Research, 2004, 157: 344-356.

[171] Yang P C, Wee H M. A collaborative inventory system with permissible delay in payment [J]. Mathematical and Computer Modelling, 2006, 43: 209-221.

[172] Zhou Y W, Yang S L. A two-warehouse inventory model for items with stock-level-dependent rate [J]. International Journal of Production Economics, 2005, 95: 215-228.

[173] 安恰, 骆建文.基于价格折扣的易腐品供应链库存的协作控制研究[J].管理工程学报, 2007, 21(4): 80-83.

[174] 陈祥锋, 石代仑, 朱道立, 钟劼.融通仓的由来概念和发展[J].物流技术, 2005, 11: 134-137.

[175] 大卫辛奇利维, 菲利普卡明斯基, 伊迪丝利维(季建华, 邵晓峰译).供应链设计与管理——概念、战略与案例研究[M].北京: 中国财政经济出版社, 2004, 9.

[176] 杜义飞, 李仕明, 林光平.讨价还价过程与供应链的利润最大化均衡[J].中国管理科学, 2006, 14(1): 37-42.

[177] 李善良.供应链委托代理问题分析[D].上海: 复旦大学, 2005.

[178] 李毅学, 冯耕中, 徐渝.价格随机波动下存货质押融资业务质押率研究[J].系统工程理论与实践, 2007a, 27(12): 42-48.

[179] 李毅学, 徐渝, 冯耕中, 王非.重随机泊松违约概率下库存商品融资业务贷款价值比率研究[J].中国管理科学, 2007b, 15(1): 21-26.

[180] 罗齐, 朱道立, 陈伯铭.第三方物流服务创新: 融通仓及其运

作模式初探[J].中国流通经济,2002,2：3-4.

[181] 马士华,胡剑阳,林勇.一种基于期权的供应商能力预订模型
[J].管理工程学报,2004,18(1)：8-12.

[182] 邱昊,梁樑.延期支付条件下的最优付款时间确定：考虑现金
折扣情形[J].管理学报,2007,4(2)：191-195.

[183] 邱昊,梁樑.延期付款条件下两货栈库存优化模型[J].系统工
程学报,2007,25(2)：46-50.

[184] 沈厚才,徐进,庞湛.损失规避偏好下的定制件采购决策分析
[J].管理科学学报,2004,7(6)：37-45.

[185] 唐宏祥,何建敏,刘春林,一类供应链的线性转移支付协调机
制研究田[J].中国管理科学,2003,11(6)：30-34.

[186] 许明辉,于刚,张汉勤.带有缺货惩罚的报童模型中的CVaR
研究[J].系统工程理论与实践,2006,26(10)：1-8.

[187] 姚忠.退货策略在单周期产品供应链管理中的作用[J].系统
工程理论与实践,2003(6)：69-73.

[188] 于萍,徐渝,冯耕中.信贷人存货质押贷款中最优质物甄别合
同研究[J].运筹与管理,2007,16(4)：89-95.

[189] 张钦红,骆建文.不对称信息下易腐物品供应链最优数量折扣
合同研究[J].系统工程理论与实践,2007,27(12)：23-28.

[190] 赵泉午,黄志忠,卜祥智.上市公司ERP实施前后绩效变化的
实证研究——来自沪市1993～2003年的经验数据[J].管理
科学学报,2008(1)：122-132.

[191] 赵泉午,熊中楷,杨秀苔,卜祥智.易逝品两级供应链中的数量
折扣问题研究[J].系统工程学报,2005,20(3)：318-322.

[192] 赵泉午.基于报童模型的易逝品供应链合同研究[D].重庆：
重庆大学,2004.

[193] 朱文贵,朱道立,徐最.延迟支付方式下的存货质押融资服务
定价模型[J].系统工程理论与实践,2007,27(12)：1-7.